AQUARIUS

AQUARIUS

AQUARIUS

AQUARIUS

Vision

一些人物，
一些視野，
一些觀點，
與一個全新的遠景！

只是快撐不下去了

給

不敢讓人失望的

「高功能內向者」

日．常．救．援．手．冊

邱淳孝——著

諮商心理師；心曦心理諮商所所長

【推薦序】

當改變能站在「我是夠好的」肩膀上前進，就輕盈、有力量了起來

柯萱如（律師；諮商心理師）

淳孝的身上有一種魔法。

常聽到，營養的食物不好吃，好吃的食物不營養。涉及專業知識的書籍也常是如此，知識量大，容易枯燥乏味；生動好聽，有時能夠學習成長的資訊又少了些。對我來說，淳孝的魔法，就是總可以兼顧兩者，知識資訊量滿滿，卻又淺顯易懂，又營養又好吃！

如今已是諮商心理師一分子的我，在當時是否要就讀心理諮商所的決定中，淳孝推了我

很大一把。在一次吃飯、閒聊之際，讓我印象深刻的是，淳孝在轉瞬之間，就把心理諮商八大理論，結合學術概念與生活化的例子，講得有聲有色、精采絕倫。當年還是律師的我聽得津津有味，一方面看到淳孝講述的時候，好像整個人在發光，一方面覺得心理諮商真是太有趣了，我一定要投入這門學習當中。

在這本書中，淳孝再次運用了他的魔法，將學術概念與啟發人心的故事巧妙結合。由於如今已是心理人的一分子，讀得出書中遍布各式各樣的心理學理論概念。有很多寶藏，就藏在書中的各個角落，讀起來輕巧又貼近人心。例如：用「充電電池」與「太陽能板」比喻內向與外向，用「拉筋」形容拓展能力的方法，或是找尋生命中的養樂多、建立自己的海關，讀到時都覺得真是太有趣又太貼切了。

成長路上，我見過一群又一群的「高功能內向者」。他們表現優秀、能力不凡，但內在卻時常焦慮不安，永遠覺得自己不夠好、害怕無法滿足他人期待。明明已經過度努力，卻總是覺得自己努力不夠、休息太多；明明壓抑了自己需求，卻仍總是眼光朝著他人，怕別人失望、覺得自己糟糕。自我批判、恐嚇自己會發生災難性的結果，更是熟悉到不能再熟悉的常態。

這些外顯表現常被人認為是「人生勝利組」的高功能者，內在經歷到的卻是永無止境的拉扯，他們活得非常疲憊與辛苦。為什麼會這麼累？許多人可能深陷其中，卻也困惑、迷惘。因而躲到成就與工作中逃避面對，卻總是困難去「愛」那個真實的自己。

本書的書寫方式非常適合高功能內向者，條理分明，讓人隨時知道自己在地圖的某處，不致失去方向，又能在引導下，欣賞每一步的風景。從近年朗朗上口的「你是E人，還是I人？」開始，書中細緻地說明與解析兩者間得到能量的方式、刺激反應、記憶、體驗、思考表達等各種不同，區分各種假性內向的情境。

書中以內向者的內耗惡性循環（A.F.R.A.I.D.），帶領讀者清晰看見那個使我們陷入無力、困難跳脫的循環模式，再以六力心法伴隨迷思的破除，為眼前的道路點起亮燈，讓人看得到可以前進的方向，溫柔又具指引性。

其中，我最有感觸的是書中講到「所有的改變，都應該建立在自我接納上」的觀點。過往，我也曾是那個覺得需要把自己放在「不夠好」的位置，才能「變更好」的人，因此，改變也總伴隨著批判、否定，甚至不斷鞭笞自己。連自我照顧與放鬆，都要用力地練習——當然，當自我照顧都要「努力」的時候，照顧就都不「照顧」了。

在諮商的歷程中，我才逐漸理解書中所說「過度用力地改變自己，可能是因為對自己的不接納」，而我們需要先能用欣賞的眼光，接納真實的自己。也需要理解所有的生存策略都是有功能的，先去「看見」與「理解」那個好努力想要活下來、想要保護自己不要受傷的自己，我們就有機會從內耗、分裂中停下來，與自己好好在一起、攜手前進。

在心理諮商所的訓練中，有一個我終身受用的學習，也是書中所提到「自信力：肯定自己的成長」。每次諮商演練完，老師會要我們先說三個自己做得好的地方，接著才進入反思哪裡可以做得更好。老師告訴我們「要懂得給自己肯定與鼓勵，最重要的是照顧自己的自尊，要有看見自己做了什麼的能力」。這對總是習慣先看自己哪裡沒做好、哪裡要改的我，是很大的震撼，也是很重要的轉捩點。

我從中深深體會到書中說的「改變不必然要建立在我不好的前提上，可以是我知道我有不足，但我可以更有力量」。當改變可以站在「我是好的」的肩膀上前進，改變也就輕盈、喜悅了起來。

全書最觸動我的一句話，是書末作者淳孝對自己的感謝。他說「感謝內向的我自己，一直在這條路上自我探索，也沒有放棄挑戰自己，讓自己活成了自己更喜歡的樣子。」

身為淳孝的朋友，我確實看見他這一路以來，是如何親身面對著高功能內向者會遇到的種種挑戰與議題。但是他的勇敢、堅持，搭配著內向者獨有的細緻與深入覺察的能力，使得他能在一次次內在波濤洶湧、千軍萬馬奔騰下度過，如今還能將自己的學習與體會整理、分享出來，這正是「能力是創傷開出來的花朵」最好的寫照。

藉由淳孝的親身體驗，以及書中詳細的概念說明與方法指引，我們可以這樣相信，我們擁有的特質不是詛咒，而是一份獨特的禮物。帶著禮物，尋找合適的道路，我們都能活成自己喜歡的樣子。而人生，沒有什麼事比成為自己、喜歡自己更重要的了。

【推薦序】

我的內向值得驕傲，不需要被指指點點

陳鴻彬（諮商心理師）

我很喜歡淳孝心理師書裡貫穿全文的一句話：「所有的生存策略都是有功能的。」

我想起兩個我生活中很常出現的場景，兩個場景都跟我的演講工作有關。

耗能的內心小劇場，是為了完成重要任務，並避免更耗能

第一個場景是發生在搭大眾運輸工具時。我住在中部地區，時常要搭高鐵到外地演講，

然而在搭高鐵前，我大多需要先搭乘一小段台鐵區間車才能接駁到高鐵站轉乘。而台鐵的上車地點是我的生活圈所在地，因此在我趕車、候車、搭車的過程裡，很常遇見我認識的朋友、同事、學生或家長，而且大多是不太熟的那一種。

我從小被教導：看到認識的人要打招呼，才不會流於失禮。而我相信，大多數人都是這樣被教導的。問題來了：那打完招呼後呢？是不是免不了得寒暄幾句？萬一遇到很健談的對象，甚至聊整路都有可能。如果要避免這種狀況，最好的方式，就是一開始連招呼都不要打。然而，遇到認識的人卻連招呼都不打，除了有違從小被教導的之外，也可能被人家以為「大牌」、「難搞」、「孤僻」、「很不社會化」。

偏偏演講前的我，很需要一段長時間專注在自己的狀態裡來蓄能，因此我很怕被打擾。但我也怕被人家誤以為我大牌、難搞，都不打招呼，那真是天大的冤枉。

於是，我後來就只好努力找出應對的方式。早在新冠疫情前、當大多數人還不太習慣戴口罩時，我便會在搭乘大眾運輸工具時戴口罩！主要目的其實不是避免病毒感染，而是降低我的「打招呼焦慮」。除此之外，我會盡量在第一節車廂或是最後一節車廂候車、上車，因為頭、尾兩節車廂通常人會比較少，可以降低遇到認識的人之機率。

看到這邊，有讀者可能會覺得：「不過就是搭一段區間車而已，哪來那麼多的心理小劇場？」

這就是典型「內向者」的耗能日常之一，也是重要的生存策略，而所有的生存策略都是有功能的。所以，如果您問我：喜歡這樣的自己嗎？我的答案是：我關注的焦點不在我喜不喜歡，而是我確實需要這麼做，才能幫助我既能「完成重要任務」，又不會徒增讓我更耗能的困擾。

因此，我曾在我的粉絲專頁上留下這樣的呼籲文字：「如果您在車站遇見我，看到我戴著口罩，真的可以不用跟我打招呼。彼此自在，各自安好，而且我在心裡會很感謝您的體貼。」我是認真的，因為可以幫我節省不少能量。

讓我們再回到前述的情境裡：搭大眾運輸工具，是我完成演講任務前必經的歷程，因著這無可避免的歷程，我可能需要耗些能量在非必要的社交；但這些能量的耗損，可能會影響我後續演講任務的質量。為了能妥善完成演講任務，我必須做些什麼（例如戴口罩、選人少的車廂）來降低影響，但又不至於還要擔心額外的困擾（例如被說大牌、孤僻），讓我後續更耗能。如此一來，才能既維持高功能，又能不讓自己過度內耗。

這就是淳孝在本書裡提到的：「高功能內向者的內耗循環（A.F.R.A.I.D.）」，相信讀完該章節後，您會更清晰、全面地了解我們內心的運作歷程。

去角（在心理劇的概念裡，意為「去掉角色」）**，是恢復能量的開始**

第二個場景，則是常發生在我演講完以後。如果演講地點同在中部地區，我則會選擇自行駕車前往。有些單位的承辦人跟機關長官的接待極度細緻、周到，即便演講結束後，甚至會親送我到車邊，目送我開車離開。後來，我都會一再堅持：「請務必留步，我自行離開即可！」這話不是客套，而是一種請求，也是我的需求。

一場演講，包含演講前的狀態預備，以及時常有聽講者在演講結束後留下來諮詢，我的「講師角色」上身大概都要持續半天以上的時間，對我來說極其耗能。回到車上的私密小空間，是我自己「去角」與「恢復能量」的開始，而承辦人或機關長官的周到禮節與目送眼光，會推遲「去角」與「恢復能量」的時間，並讓我持續耗能。

「請務必留步」的請求，便是「高功能內向者」一種不失禮貌又能溫柔照顧自己的方式。

成為一個「適應型高功能內向者」

在我自己的生命裡，我花了好多的時間去摸索與整合「高功能」加「內向者」的特性，再花了許多力氣去成為一個「適應型高功能內向者」，箇中辛苦不容易說得分明。因此很欣慰看到淳孝心理師歸納整理了「改變篇：高功能內向者——E.N.R.I.C.H.六力蛻變圈」並給出具體的行動方案，幫助更多高功能內向者走得更省力、更少些耗能。

【前言】想去阿爾卑斯山上牧羊的外商業務

諮商室外正飄著小雨，屋內昏黃的燈光，映照在個案疲倦的臉上。

身為心理師的我，靜靜地聽著個案傾吐最近的心情。

「我每天下班就覺得好累、好累，週末也完全不想出門。同事跟朋友找我出門，我大部分都是拒絕，但又覺得自己這樣太孤僻了……」

在外商工作的Jessica是個外表亮麗、談吐清晰得體的業務人員。講完這段話後，她整個人就像洩了氣的皮球，癱在諮商室的沙發上。

「最近工作中有什麼讓你覺得特別有壓力的人或事嗎？」身為心理師的我，試著評估，想了解個案的壓力源。

「其實沒有。我的業績都有達標，團隊的氣氛也算不錯。主管雖然稍微嚴格，但也算好溝通。對了，最近剛結束一個複雜的專案，不知道有沒有關係。」Jessica盤點了工作的各個面向，卻似乎找不到真正的關鍵點。

「那你還記得最近一次讓你覺得筋疲力竭，是什麼樣的情境嗎？」

我不死心地追問，想找到理解個案內心世界的入口。

「可能是上個禮拜吧。我們公司辦了個慶功宴，大家都跟我說『恭喜、恭喜，這次表現得很好。』我表面上都說謝謝、謝謝，但當下只想趕快逃回家。

「我覺得大家好煩，可是又覺得這樣不太好，所以就硬撐到九點多。回家後，我覺得自己好奇怪，明明是一件應該很開心的事，為什麼自己卻開心不起來。」

Jessica對自己的反應充滿懷疑，甚至自我質疑。

這時候，我好像抓到了一點線索。

我試著驗證我的猜測：「你是不是覺得，那些人其實你不太熟，你只是把工作做好、取得了很棒的成果。被肯定是開心的，但那些表面的社交，讓你非常耗能。」

Jessica的眼睛發亮，像是終於被人理解了。

接著，我繼續說：「雖然你的工作能力很好，工作上的人際互動也算游刃有餘，但那只是工作時的樣子。私底下的你，其實是個對於別人的感受與反應很敏感，而且需要比別人用更多的時間來休息、恢復的人。」

Jessica露出被理解的放鬆神情。

「但其實，我認為對你來說最辛苦的，除了那些沒有意義的交際應酬，還有一件事。」

我賣了個關子，讓Jessica把注意力集中在我接下來要說的話。

「是什麼？」Jessica期待地問。

「其實是當你想要獨處、休息的時候，你內心總有個聲音告訴自己：『這樣不對、這樣不應該、這樣不合群，應該要更活潑、更積極！』所以你戴上面具，試著成為別人期待的樣子。這才是最消耗、最掏空你的事情！」

我大膽地說出對Jessica內心的理解。

「對……！」在諮商室暖黃色的燈光下，Jessica的眼眶泛淚。

雖然Jessica沒說太多，但能感覺到她整個人放鬆下來，像是終於不用再強撐。被理解的釋然，也讓積累的疲倦一湧而出。

沉默了幾秒，Jessica似乎有點擔心情緒失控，但她也對自己的狀況感到困惑，於是問：

「所以，我究竟是怎麼了？」

因為第一次的晤談時間快到了，我也想讓她整理一下情緒，於是我決定給她一個新的視角，讓她帶回家思考，我說：「或許，你是『高功能內向者』。」

Jessica專注而安靜，我繼續說：「所以你有這些反應，不是你有問題，你非常正常。下次我們可以一起探索，看看在你身上到底發生了什麼。」

其實像Jessica這樣的高功能內向者，在我們這個世界，並不是少數。

高功能內向者的內心細膩、安靜，也勤奮努力，他們常常能取得優秀的工作成果，但很容易在人際關係中耗盡能量。

他們害怕讓別人失望，在這個期待人們要積極、要懂得表現自己、要刻意讓別人看見自己的社會裡，高功能內向者的內心充滿拉扯，他們總是這樣問自己：

- 「為什麼我沒辦法違背別人的期待過日子？」
- 「我其實不討厭那些人，聚會時，甚至覺得開心，但每次相處後都覺得好累。」

- 「有時，我想獨處、休息，但卻不好意思拒絕別人。」
- 「就算拒絕了，朋友也說沒關係，但會不會久了，就讓人覺得我難相處？」
- 「如果一直休息，會不會讓人覺得我不夠積極，甚至與社會脫節？」
- 「別人好像都沒有這種狀況，是不是我有問題？」

什麼是「高功能內向者」？

- **李安（Ang Lee）：沉靜中的極致敘事者**

李安從台灣走向國際影壇，他以《臥虎藏龍》、《少年Pi的奇幻漂流》等片贏得奧斯卡獎。

李安為人低調、不善言詞，卻透過細膩的情感捕捉與深刻的角色描繪，讓觀眾走入他的內在世界。

內向的敏感與觀察力，使李安能洞察人性，拍出動人的故事。

身為李安好友的作家舒國治曾說：「李安只是用一種害羞的、埋頭工作的方式，完成了自己的一片天地。」

李安的內向，正是他藝術創作的核心力量。

・提姆・庫克（Tim Cook）：安靜領導蘋果的企業家

作為蘋果公司的執行長，提姆・庫克接手賈伯斯的重任，他在壓力下，穩健領導蘋果成長至全球市值最高的公司之一。

提姆・庫克不是舞台上的煽情演說者，而是一位內向、低調、專注細節的領導者。他重視價值觀、重視團隊，也擅長聆聽與深度思考。提姆・庫克的內向，讓他成為一位穩定、誠信與精準的決策者。

・J.K.羅琳（J.K. Rowling）：從孤獨到魔法世界的創造者

《哈利波特》系列的作者 J.K.羅琳，曾歷經貧窮與憂鬱，她靠著豐富的內在世界與強大的想像力，創造出全球暢銷的奇幻小說。

J.K.羅琳避開鎂光燈，喜歡獨處、閱讀、靜靜地思考。她在沉默中醞釀故事的能量，使她筆下的角色如此真實、情節如此有深度。J.K.羅琳的內向不是阻礙，而是創造力的泉源。

・艾瑪・華森（Emma Watson）：優雅堅定的行動者

以《哈利波特》妙麗一角走紅的艾瑪・華森，她在公眾面前看似自信，但實際她認為自己「極度內向」。

艾瑪・華森選擇安靜但堅定地投入女性權益、教育與公益活動，並曾在聯合國發表深具影響力的演說。她的內向使她更有共感力，也讓她能夠深思熟慮地用行動發聲，展現出沉著而堅韌的力量。

・比爾・蓋茲（Bill Gates）：深度思考的科技先驅

微軟的創辦人比爾・蓋茲，從小就是典型的安靜書呆子，他喜歡獨自閱讀、長時間思考。比爾・蓋茲的內向性格，讓他能專注於複雜的系統設計與策略規劃。退休後，比爾・蓋茲仍持續以書籍與公益影響世界，他向世人證明即使是內向者，也能影響深遠。

還有非常多的名人，他們既內向，又成功，被許多人欣賞與肯定。

回過頭來，**本書提到的高功能內向者**（High-Functioning Introverts），**指的是性格屬於**

「內向」，但「外在功能」表現優異的人。

內向意味著傾向把能量放在內在，因此，要把注意力放在外在刺激，對他們來說較為耗能，所以他們需要透過「獨處」來恢復能量。這並非缺陷，而是一種人格特質。

高功能則表示擁有良好的認知能力、語言表達能力和社會化能力，因此，在外在成就上表現不錯。**這一類的人特別善於觀察他人的反應，他們能迅速調整自己，以符合社會期待，但也很容易在不知不覺之間戴上面具，甚至開始偽裝自己。**

由於內向者大多內心細膩，當面對壓力時，他們往往傾向自省。然而，這種**自省若過度發展，反而會轉變成自我批評，導致內在耗損。**

高功能內向者的我

而我對這個議題如此有感，不只是因為我諮商過許多有類似的特質的個案，更因為，我就是一個高功能內向者。

當我學習了心理學，回想過去許多的經歷時，我才發現過去許多令我焦慮、苦惱的經驗，都與我的內向特質密切相關。

四歲時，我第一次穿上泳褲，站在空曠的水上樂園，我覺得自己赤裸無比，恨不得找個地洞鑽進去。

我的爸爸對我說：「男生要勇敢。」但我仍死命抓著浴巾，強忍著快要湧出的眼淚。

六歲時，我在大賣場走失，當時我的內心慌亂得像個被遺棄的孤兒。我快步穿梭在貨架間，終於看到媽媽熟悉的身影，儘管內心翻騰，我還是裝作若無其事地走回她身邊，而我經歷了一場無人知曉，只有我自己感受得到的內心崩潰。

八歲時，成績還算優異的我，在學校幾乎不開口說話、不與同學互動。老師擔心我「有問題」，還曾多次提醒我爸媽，要帶我去看醫生。我只記得自己下課總是楞楞地坐在位子上，連上廁所都很緊張、害怕。

十歲時，我曾經被送出國短期遊學一個月，記得當時同齡的同班同學都非常友善，但我完全不知道怎麼跟其他人互動，所以我在當下發展出一個逃避的方法：我可以眼睛看著黑板上的字，但透過內心的幻想，遨遊全世界，以逃避那整整一個月的壓力與焦慮。

國中時，因為成績優異被推派參加朗讀比賽，但即使投入大量心力背稿，上台那一刻卻腦袋空白、天旋地轉。我呆立在講台上整整五分鐘，一句話也說不出來，最後只能默默走下台。

高中時，我試著逼自己跟其他人互動，所以背誦了網路上的冷笑話，對著班上一兩個我還稍微敢開口說話的同學，期望透過笑話，融入大家。但更多的時候，我是用玩網路遊戲的方式，創了沒人知道的假名，躲在螢幕後面，才覺得安心一點。

大學時期，儘管社團和系上活動眾多，我總是待在團體的最邊緣。我從不主動加入群體，雖然知道大家不討厭我，甚至覺得我好相處，但我仍然常常感到孤單。不過比起孤單，我更慶幸不用經歷那些令人難熬的尷尬場合。

在正式成為心理師之前，我們需要做大量的準備，記得在第一次進行諮商演練並接受考核時，我緊張得全身發抖，甚至手滑到把那台老舊的機械式錄音機摔飛出去，連錄音帶都飛了出來，讓我尷尬、臉紅到腦筋一片空白。

成為心理師後，第一次的公開收費演講，即使提前準備了兩個月，我仍講得雙耳發燙。看到有觀眾滑手機，甚至提包離席，我都覺得自己糟透了。

一直到現在，我說話的音量還是小小的，很多時候，我要開口說話都還是一件不容易的事情。

我還有無數在我的記憶裡的碎片，都是因為我的緊張、焦慮、內向，帶來的糗事。

看到這裡的你，或許你會問：

「哇！原來心理師也有這麼多可怕的經驗，現在好一點了嗎？」

我必須說：「有，也沒有。」

好轉的是，我現在可以穿著泳褲去游泳、會跟人說話、可以自己出國、可以講笑話、有一群好朋友、可以有不錯的學業成績、可以完成一天八小時的諮商，雖然仍然會緊張，但是已經能順利完成一場演說，甚至可以有一群朋友、團隊，擔任諮商所的老闆，也敢自己上廁所了。

但不變的是，我依然是那個內向的人。我不喜歡過多的社交互動，與陌生人說話會不自在，膚淺的社交會讓我疲憊不堪，在公開場合說話會發抖，壓力過大的時候，還是會不自覺地恍神、飄到外太空。

但最大的轉變是，我認清了自己是個高功能內向者。我不再自我批評，反而能在完成挑戰後享受成就感。我開始有意識地運用心理學的方法，讓生活漸漸成為自己喜歡的樣子，也讓自己更有自信，為真實的自己感到驕傲。

希望我分享以上這些經歷，能讓你覺得：「**你很正常，你並不孤單。你也有機會，找**

到能活得更自在、自信、舒服的方式。」

你可以從這本書得到什麼收穫？

在接下來的章節中，我會循序漸進地進行系統性分析，幫助你認識「高功能內向者」。接著會以自創的高功能內向者的兩大架構「高功能內向者的內耗循環（A.F.R.A.I.D.）」、「高功能內向者的六力蛻變圈（E.N.R.I.C.H.）」，用結構化的方式，建立起完整的理論架構。

在改變方面，我希望能同時扮演支持的心理師，也扮演目標與計畫明確的教練，提供具體的改善計畫，從心態、信念、策略、步驟、行動計畫到技巧練習等面向切入，協助你找到適合的方法，讓自己活得更自在、滿意。

★定義正確的「內向」

★什麼是「高功能」內向者？性格不等於能力

★高功能內向者的內耗循環（A.F.R.A.I.D.）

★高功能內向者的天賦

★高功能內向者的改變雙軌制

★高功能內向者的六力蛻變圈（E.N.R.I.C.H.）

最後，讓我們回到Jessica身上。

在第十次晤談時，Jessica告訴我：「你知道嗎？我有一個很久不見的朋友，她跟我一樣是個工作強度很高的業務，可能也是個超級高功能內向者。她竟然告訴我，她要去阿爾卑斯山牧羊了。

「我嚇瘋了。我問她喜不喜歡這個選擇。她說她現在過得好快樂。」

Jessica說著這個不可思議的事情時，眼裡閃爍著光芒。

我察覺到這件事觸動了她，我繼續追問：「那麼，聽到這件事，你有什麼感覺？」

「我是不會去牧羊啦！」已與我建立不錯關係的她，對我開了個玩笑。

「但我認真在考慮要不要從現在的工作離職，跟男朋友一起創業，做我們真正想做的事。」

我用眼神鼓勵她，並微微地點頭，希望她繼續分享。

「雖然我知道我還是會遇到很多挑戰，可能還是要跟很多人交際應酬。」

我心想，不愧是高功能的她，連未來可能遇到的挑戰都提前想到了。

「但至少，這是我現在真的想嘗試的事情！」

我徵得Jessica的同意，分享她的故事給大家。

我在心中祝福她，也相信她一定能找到屬於自己的阿爾卑斯山，自由自在地牧養心中的羊，做著自己喜歡的事。

註：本書案例的故事與人名都經過大幅度的改編，如果雷同，或許是因為很多人都跟你有類似的經歷，純屬巧合。

目錄

目錄

目錄

第一篇

分析篇：

什麼是「高功能內向者」？

一、我是「內向者」嗎？

「你看起來朋友不少啊，跟別人都可以聊很久，怎麼可能是內向的人？」

「你是心理師，不是應該很會跟人相處嗎？」

「你剛剛在大家面前說話，看起來一點都不緊張啊，台風很穩。所以你的外向是訓練出來的嗎？」

原來，我們都誤解了內向

很多人對「內向」有許多誤解。事實上，內向者不一定害羞、孤僻或朋友少，也不代表語言表達能力差或沉默寡言。同樣地，外向者也不一定善於言談、特別活潑，或行事誇張、充滿活力。

在解釋什麼是「內向」之前，讓我們先做幾個簡單的自我測驗。請回答以下的問題：

1 比起多人聚會，你更喜歡一對一的深度談話。
2 你很享受獨處的時光，做自己喜歡的事情。
3 即使連續三天不出門、不見人，也不會感到無聊。
4 面對表面或無意義的對話，你會想盡快結束。
5 當心情低落時，你傾向獨自休息，而不是向他人傾訴。
6 完成重要的任務後，你更喜歡獨自在咖啡廳放鬆，而非與朋友慶祝。
7 相較於說服他人，你更擅長靜靜傾聽。

8 你常會注意到一些微小的細節。

9 相比於刺激與興奮，你更嚮往平靜。

10 你時常回想自己說過的話，思考如何表達得更好。

11 你習慣先把想法理清楚，再開口表達。

12 他人可能覺得你文靜、無趣，甚至認為你害羞或有距離感。

13 你喜歡觀察事物，並且重視細節。

14 相較於說話，你更喜歡寫作和思考。

15 在頻繁或嘈雜的社交場合後，你常會感到精疲力竭。

若符合13—15項：你是典型的內向者。
若符合10—12項：你有內向者的傾向。
若符合7—9項：你屬於中間性格（綜向）。
若符合4—6項：你有外向者的傾向。
若符合3項以下：你是典型的外向者。

透過這項測驗，你可以快速了解自己是否屬於內向者。

「內向」的定義

「你是I人，還是E人？」在近兩年已成為熱門的話題，這要歸功於簡單易懂的MBTI測驗。它將人分為十六種類型，其中最廣為人知的就是I人、E人這兩大類。

然而在MBTI之前，**心理學家榮格就主張：「內傾者的能量，來自於自己的內心世界」**。在榮格的理論中，人並非分為十六類，而是八類。榮格使用的也不是「內向、外向」，而是「內傾、外傾」的說法。

內傾性格的人，能量流動向內。比起外在世界，**他們更重視個人內在的精神世界，能量來源也主要來自於內在**。

相對地，外傾性格的人，能量流動向外。他們更注重物質世界、重視人際關係，較關注外在事物，能量也主要來自外在環境。

此外，還有「大五人格理論」（又稱OCEAN理論），認為每個人在以下五種性格特質上都有不同程度的表現：開放性（Openness）、嚴謹性（Conscientiousness）、外向性（Extraversion）、友善性（Agreeableness）和神經質（Neuroticism）。在這一個理論中，「內向」是「外向性」這個向度中的一種程度傾向。

不同的心理學家對內向特質有不同的詮釋，看似各有差異。

以下，我整理幾個關於「內向／外向」的重要觀念，下一個章節會再進一步說明兩者的差異。

一、內向／外向，是一種性格／特質

在心理學裡，「性格」指的是一種恆久不變、內在穩定的特質，而非外在行為表現。

我們不會單純用一個人朋友多寡，或是否善於言談，判斷這個人是內向者或外向者。

二、內向／外向，是一種天生的傾向

每一個嬰兒出生時都帶有專屬的「天生氣質」。有的嬰兒哭聲豪放，有的含蓄，有的對環境刺激特別敏感。在判斷自己是內向或外向時，除了透過前面的測驗，也建議你回想自己「小時候」的性格傾向。

有些人原本是外向者，但因人際創傷而變得警戒、壓抑、謹慎，最後看起來像內向者。

反之，有些內向者因為環境、訓練或他人的期待，學會與人頻繁互動，培養出良好的人際能力，看起來像個外向者。

詳細的內容，在〈三、這些不（只）是內向，談「假性內向」〉章節會提到更多。

三、內向／外向，是一個「中性」的特質

我知道許多人深受「內向」特質困擾。他們常不喜歡，甚至貶低自己的內向特質，為自己貼上負面標籤，例如不勇敢、懦弱、太敏感、動作慢、口拙、表達能力不好、孤僻等。

但事實上，內向／外向只是一種性格，而**性格本身是中性的，並無絕對的好壞之分。關鍵在於你如何看待，並運用你的特質。**

四、內向／外向，不是一種「分類」，而是一種「程度」

在最流行的MBTI理論裡，為了方便討論，而把人分成十六類，但很多人會說：

「人怎麼可能只分成十六類？」

沒錯，「分類」的好處在於簡單易懂，容易歸類，但缺點是不夠細緻——我們無法分辨一個九十分的內向者和五十五分的內向者的差異。因此，我更傾向用「程度」的方式來思考。

幾乎沒有人是百分之百的內向者或外向者。**我們不需要過度執著於分類，只要把這樣的測驗當作認識自己的一個起點就好**。

以上說明了「內向／外向」的關鍵定義，下一個章節，我們將探討內向者與外向者的五大差異：

1內向／外向，得到能量的方式不同。

2內向／外向，對刺激的反應不同。

3內向／外向，大腦活動與神經傳導物質的差異。

4內向／外向，記憶提取與表達的差異。

5內向／外向，認知廣度的差異。

二、內向、外向大ＰＫ：你是「充電電池」，還是「太陽能板」？

以下是兩個認識二十幾年的姊妹淘，她們在旅遊下榻的飯店裡的對話。

「拜託，你最好是內向啦。跟我出去時，你跟我講的話沒停過欸，真的是吵死了！」

「真的啦，那是因為我們閨密二十年，我才會讓你看到我最『真實』的一面。我對你超Open的，好嗎？』

「什麼真實，根本是悶騷吧！你要是真的內向，當初怎麼會去當學生會會長，現在工作還要管這麼多人？」

「這不一樣啊！當時當學生會長也只是成績比較好，我也想說鍛鍊一下自己，但我其實超焦慮的。而且我跟你說，現在我每天下班也都累得要死，上班是好同事，下班不認識。我累得要死，你又不是不知道。」

「每個人下班不都累得跟狗一樣，不對，狗還沒有那麼慘。」

「不是啦，你看隔壁業務部的Eddie，週五晚上還能去喝酒玩樂。我是真的做不到，只想回家耍廢。」

「難怪高中剛認識你時，你常常臭臉。我還以為你心情不好，結果你說你只是在休息，害我還以為你很孤僻，結果沒想到……哈哈哈。」

「我是很懂得跟自己相處，好嗎？不像你，整天往外跑。」

「說不定我其實是個比較活潑的內向者？」

「放心啦，我用二十年的交情跟你保證，你絕對不是！」

「你好煩喔。」

她們兩個好閨密一來一往的對話，如果不用正確的方式來分辨內向與外向，恐怕連你也會被繞得暈頭轉向。

那麼，我們究竟該如何分辨「內向」和「外向」呢？

內向與外向的四大差異

如同前面所說，內向／外向不能只用一個人的活力、朋友多寡、愛不愛講話來判斷。兩者在大腦運作的本質上也有差異，以下依序說明：

一、內向／外向，得到能量的方式不同

我的好朋友許庭韶諮商心理師，曾經用一個我很喜歡的比喻：**內向者像是「充電電**

池」，恢復能量的方式是一個人靜靜待著，慢慢地恢復能量。而**外向者像是「太陽能板」**，需要靠別人的活力、熱力，讓自己快速補充能量。

如果把能量的儲存與運用比喻成銀行存款：

內向者，與人互動、交流是提款，獨處是存款。

外向者，獨處可能會感到無聊、乏味，屬於提款，但與人互動、交流，則是存款。

這樣的差別沒有好壞，只是傾向的不同。

當然，內向的人也會想見朋友，喜歡與朋友交流、相處，有分享心事的需求，也能享受出遊與旅行。而外向的人也會感到疲累，想要獨處休息，需要有專屬於自己的Me Time。

記住，**內向／外向不是非黑即白的區別，而是程度與比例的不同**。

以我自己為例，在一個內向的心理測驗中，我的內向分數是九十分（滿分一百分），但我還是會主動約朋友聚餐、玩密室逃脫。

只是在聚會結束後，我有可能會累到完全不想說話，即使是跟很熟的朋友；搭捷運的時候會想與朋友坐在不同的車廂，這樣就可以不用再講話，能好好休息。

幸好我身邊的朋友多是心理師，我不用特別解釋自己的狀態，大家都很包容我。他們並不會以為我不合群或難相處。

二、內向／外向，對刺激的反應不同

第二個內向／外向的差別，是對於「刺激」的反應程度。

雖然大部分的內向者表現得比較安靜，甚至看似沒有反應或顯得無聊，但他們的內在其實一點也不平靜。

內向者比外向者更容易受到刺激。當內向者被引起強烈的內在反應，他們需要透過限制與減少刺激，降低消耗與不適感。

反之，外向者對於外在刺激比較不敏感，他們反而容易感到無聊與乏味，所以需要一些新鮮、較強烈的刺激，維持活力與興奮感，這也是外向者補充能量的方式。

內向者對刺激不是沒有反應，而是當機

以我自己為例，在接觸心理學之前，大家對我的評價多是聽話、乖巧、文靜、好相處，認為我是個軟綿綿、無害、情緒平穩的人。連我自己也以為自己是個比較鈍感，情緒波動較小的人。

但當我理解到「內向者其實對刺激比較敏感」這個觀點時，我才漸漸明白自己的某些行為，原來其來有自。

舉例來說，我跟朋友出門逛街時，常常會被問：「你是不是很累啊？好像話變很少、反應變很慢。」

被問過幾次之後，我開始反思這件事。

後來，我才發現，原來一邊逛街，一邊說話，對我來說，那是大量的刺激不斷湧入我的內在：聊天話題、櫥窗商品、路過的行人、攤販的食物味道、手機跳出的訊息，這些種種對我而言，已經有點「超載」了。

朋友說我「沒有反應」，其實不是因為我「沒有感覺」，而是過載後的「當機」。

我也能理解自己為什麼有時候雖然有點寂寞，但獨自看電影、逛街，反而讓我很自在，因為我可以專注在想買的東西，不用想著要聊什麼話題，享受著自帶保護罩逛街的自由（當然也會盡量避免太過熱情的店員）。

不過，我偶爾也會主動約朋友出去逛街，但重點就會擺在：「重要的不是買了什麼，而是能跟朋友一起走走、晃晃」的陪伴。

藉由管理接受刺激的程度，讓我能更自在地在不同模式之間切換。

我也**不會誤以為是自己難相處或反應慢，而是能正確理解：我其實是已經過載了**。

三、內向／外向，大腦活動與神經傳導物質的差異

為什麼內向者和外向者在能量補充和刺激反應上，有如此大的差異？科學研究指出，這是因為兩者使用了不同的神經傳導物質路徑。

內向者較容易受「乙醯膽鹼」的神經傳導路徑支配。乙醯膽鹼是副交感神經系統的傳遞媒介，能幫助我們獲得安定、平靜的心情，甚至會降低血壓與脈搏。

乙醯膽鹼的傳導路徑較「長」，因此需要更多時間來吸收、消化和整合資訊與知識，

才能做出回應。

這就是為什麼**內向者在接收大量資訊時，需要慢慢消化**。若刺激過量，他們會像電腦開啟太多視窗而當機，而乙醯膽鹼能幫助內向者保持冷靜、清醒，讓他們感受到平靜與細膩的幸福感。

例如在安靜的咖啡店裡待著，聽著自己喜歡的音樂，看著自己喜歡的書，這些靜態活動，都是能夠幫助內向者感受到幸福、平靜的重要來源。

相對地，外向者對「多巴胺」這個神經傳導物質的感受度較低。多巴胺是所謂的「快樂分子」，會影響情緒變化、快樂感、欲望與注意力。**外向者**的大腦內在活動較少，更**依賴「短而迅速」的多巴胺神經傳導路徑來提供能量，因此更渴望外在刺激**。

所以外向者追求幸福的方式，往往是透過刺激性的活動，例如搖滾音樂節、極限運動、高強度的娛樂和大量對話等外部活動，才能感受到活力、幸福與快感。

	內向	外向
比喻	**充電電池**	**太陽能板**
得到能量	透過休息、獨處	透過與別人互動
對外在刺激的反應	較敏感	較不敏感
大腦活動	較長且慢	較短且快
神經傳導物質	需要乙醯膽鹼，獲得平靜與幸福	對多巴胺較不敏感，更渴望刺激
記憶提取的方式	習慣提取長期記憶	習慣提取短期記憶
體驗的深度與廣度	偏好「深度的體驗」	偏好「廣闊的體驗」
思考與表達	想完再說，三思而後行	可以邊想邊說

四、內向／外向，記憶提取與表達的差異

由於神經傳導路徑的不同，內向者和外向者在記憶提取與運用上，也有差異，進而影響他們的認知深度與廣度。

內向者的神經傳導路徑較長，習慣提取長期記憶，所以當你問內向者一個問題時，他們會在內心搜尋更多、更深遠的資訊，試圖給出完整的答案。

於是，你可能覺得內向者的反應「慢」，但其實是因為他們正在整理大量資訊，努力做出周全的表達。

在交流時，內向者傾向「想完再說」，奉行「三思而後行」的原則，就像撞球或射箭般，講求深思熟慮與精準度。

對內向者而言，**「深入的體驗」更令他們感到自在**，也是他們所擅長的。這也能解釋為什麼大多數內向者的朋友圈雖然不大，但關係往往深刻且重視意義。

反觀外向者的神經傳導路徑較短且快速，習慣提取短期記憶。當你詢問外向者時，他們會立即分享腦中浮現的想法，因此常給人有創意、反應靈活的印象，也展現出充沛的活力與精力。

外向者在交流時，傾向「邊想邊說」，就像打羽毛球或桌球，講求快速反應與即時互動，好處是快速、靈活，但掌握不好時，會顯得衝動。

「廣闊的體驗」是外向者的特色，因此常給人交友廣泛、興趣多元的印象。而這種多樣化的刺激，正是外向者補充能量的重要來源。

介於「內向」與「外向」之間——綜向性格

或許你會問：「我上述兩個特質和反應都有，那麼，我到底是內向，還是外向？」

或許你是屬於綜向性格（中間性格）。

綜向性格（中間性格）

如同前文所說，內／外向不是一種二元絕對的分類，而是一條光譜上的某一點。

綜向性格代表你處於一個比較中間的位置，既不外向，又不內向，在兩種狀態下都能感到自在。這其實也是很好的性格狀態。

我們都有人類的基本需求

無論是內向或外向的人，都有共同的「人類基本需求」。

舉例來說，與人相處、建立親密關係是每個人都會有的需求。即使是喜歡獨處的內向者，他也會想見見朋友，享受陪伴。

而總是活力充沛的外向者，也會有「沒電」的時候。如果外向者每天都開派對、聊天、出遊，即使他們的內在確實渴望更多的互動與刺激，但身體終究會耗盡能量而需要休息。

從這一點來看，這也突顯出「內向／外向」這種二元分類的限制。雖然這樣的分類方便討論，但也容易讓人產生誤解，讓人硬要將自己明確分為內向或外向。

請記住，**分類的目的，是要幫助我們「拓展」對自己的認識，而非「限縮」自己的發展可能性。**

外在表現是社會化或學習後的結果

最後，我們的表現有可能是受過去的經驗所影響。

無論是在成長過程中，為了融入社會的「社會化」，例如明明我很內向、害羞，但為了讓別人覺得我沒那麼「怪」，所以假裝自己很活潑。

或是自己其實很喜歡跟別人互動，但因為成長環境與他人的互動太少，導致社交能力不足、缺乏，也遇到了很多的挫折，甚至受傷，導致最後看起來很孤僻，但其實這**只因為你是一個害怕受傷的外向者**。

下一個章節，我們談談「假性內向」。

三、這些不（只）是內向，談「假性內向」

「我以前是個很活潑、很直接，甚至還有點小白目的人，可是從國中之後，我就變得不太愛說話。」偉哲若有所思地說。

「**那時候發生了什麼事嗎？**」我揣想著，當時應該有一些重大事件影響了偉哲。

「嗯……」看著偉哲的眼神，好像我也跟著他回到過往。

「我國小、國中的時候，很愛講話，有點皮皮的。那時候很喜歡跟大家在一起，甚至會當大家的開心果。但不知道從什麼時候開始，我發現大家看我的眼神變得怪怪的。我隱約感覺到其他人在避開我。」

「**後來呢？**」我鼓勵偉哲繼續說下去。

「有一次，我鼓起勇氣問了一個比較好的同學，為什麼大家怪怪的。他說，有些同學覺得我在班上有點『吵』。有的同學想專心念書，有的人覺得我不太懂得看別人臉色。我才發現原來自己默默被討厭了，但我都不知道。

「後來，我在講話之前，變得小心翼翼。雖然我也沒有真的被霸凌，也知道大家不是故意排擠我的，但之後跟人講話時，我的心裡就是會覺得……怪怪的。」

偉哲緩緩說出他內心深處的不安。

「**原來如此，難怪你現在給人的第一印象比較內向，甚至有點退縮。你很怕直接表達、太做自己，會給別人不好的印象，甚至在無意之間被討厭。即使你理性上知道那是過去的事了，但你的身體、你第一時間的表達方式，都還是會為了保護自己而變得更加謹慎、警覺，以避免同樣的事情再次發生。**」

偉哲聽完我說的這一番話，我發現在他安靜的眼神背後，似乎有些情感被輕輕觸動了。

這一個開頭的例子，展示了「創傷（或負向經驗）」如何影響一個人的行為表現，讓原本外向的偉哲因為想自我保護，而看起來像內向者。

接下來，討論幾個容易與「內向」混淆的標籤。

這些名詞之所以會容易讓人混淆，是因為有某部分的表現與內向其實很像，甚至彼此會有一些交互影響，但透過區分與比較，我希望能給大家更全面、完整的觀點，讓大家對自己有更立體的認識，也知道怎麼因應這些面向的自己。

這些不（只）是內向

內向、不善言詞、孤僻、膽小、沒自信、害羞、高敏感、社交恐懼、逃避依附，這些詞彙，你是不是覺得都有一點像，但又好像有一點不一樣？你分得出來這些詞彙的差別嗎？

身為一個人，我們會有一些先天的人格特質，但也會有後天的成長環境與經驗所帶來的影響，並且還會隨著不同的對象、情境，展現出不同的樣貌。

心理學是一門試著把人的複雜性，理出脈絡與頭緒的一門科學，所以有時會貼上某一種標籤，再去描述與定位，而「內向」就是其中一個比較大、比較明確的標籤。

至於上述提到的其他名詞，則是「內向」的好鄰居、好朋友，有時它們會一起出現，但又不能完全畫上等號，例如內向與害羞、高敏感，也有一些詞彙則是誤解，例如覺得內向的人比較沒自信、交不到朋友等等。

以下，就讓我們針對這些詞彙一探究竟。

內向與「害羞」

害羞指的是在認識新的人時，會感到不好意思、輕微尷尬，需要一些時間來適應，但害羞並不等於內向。以下這兩個交錯的例子，恰好可以說明這個差異。

一個「**害羞的外向者**」，可能會在派對中沉默、不說話，但待在人群裡，他仍能感到自在且期待，並**能在這樣的環境與氛圍中**，**補充能量**。

相反地，一個「**不害羞的內向者**」，雖然能與許多人談笑風生、侃侃而談，但在大量交流與互動後，他會感到疲倦。他會**需要回家獨處**，**補充能量**。

內向與「高敏感」

《高敏感是種天賦》這本書提到，**有七成的高敏感人是內向者**，因此，內向與高敏感，是有一定程度的相關。

不過，對我而言，高敏感與內向雖然高度相關，但仍有一些本質上的差異。

首先，來談談「高敏感」的四大特質：DOES。

D深度處理（Depth of Processing）：具有較成熟且廣泛的思考能力，能做深度的處理。

O過度刺激（Overstimulation）：較容易受到環境的刺激、影響，也容易受到驚嚇或感到不自在。

E情緒反應和同理心（Emotional Reactivity & Empathy）：不僅對環境敏感，對他人的經歷，也有強烈的感受力。通常具有較高的同理心。

S敏感刺激（Sensitive Stimuli）：對感官刺激（氣味、聲光、觸感）特別敏感，較容易感到疲倦。

總結上述，**高敏感的核心在於「敏感度」的高低**。而**「內向者」的核心則在於「能量的流向」**。

以下舉兩個特質交錯的例子來說明，或許會更明白這兩者的差異：

一個**「外向的高敏感者」**，需要大量的互動和刺激，以保持活力、恢復能量，但同時，他也容易感受到強烈的刺激。因此，他的生活雖然充滿變化與刺激，有時仍會因為不小心過載而感到疲憊，但也能輕易感受到幸福與滿足。

相對地，一個**「內向的非高敏感者」**喜歡獨處，喜歡享受靜靜做自己熱愛的事，也能細細品味與深刻感受事物。這種人整體的情緒波動，較為穩定。

然而，若你剛好是**「內向的高敏感者」**，有可能雙劍合璧，效果加乘。

你一方面對於各方面的感受度很高，很容易受他人的反應、情緒影響，也比較容易有心情的起伏；與此同時，當你感受到這些反應時，你也比較容易想試著自己去處理與消化這些能量，甚至還會不小心跌入自己的內心世界，上演很多的內心戲。你的內在累得要死，但外人不見得看得出來。

內向與「社交恐懼症」

「社交恐懼症」指的是對社交活動產生強烈地緊張、害怕和恐懼。這可能表現在對大眾面前說話時的「特定社交恐懼」，或是對大多數的人際互動都感到害怕的「廣泛性社交恐懼」。

社交恐懼者對「社交」這件事本身就感到害怕，即使是簡單，例如與人對話、買東西或借用文具，都可能引起強烈的不安。

相較之下，「內向」是在接收大量的刺激時，需要較多的時間管理和消化。內向者會主動減少過多的社交互動，也會需要更多獨處的時間和空間。

兩者最大的區別在於：**「內向者」獨處時會感到自在、放鬆和愉悅，而「社交恐懼者」獨處時，則是會感到如釋重負**，彷彿擺脫了危險與威脅。

內向與「沒自信」

內向者有時因為講話的音量比較小、比較膽怯、比較保留，所以很容易讓人感覺是比較沒自信的。

對於某些內向者而言，他們對於自己的確是比較沒有自信。沒自信的來源有兩個。

對於內向的自己，感覺比較負面：

這一種負面的觀感，一般來說，是來自於**內化了家庭或環境對自己的期待**。

例如，如果從小父母就對內向的孩子說：「你要勇敢一點！不要那麼怕生。」那麼，孩子的心裡就容易產生：「只有侃侃而談、交友廣闊」才是好的、才是優秀的想法，反之，則是不好的。孩子會將這樣的負面標籤貼在自己身上。

由於缺乏練習經驗，內向者的社交表現可能比較不好，也會較沒自信：

由於**內向者比較會採取「迴避」的策略**，因此，的確會比較少讓自己處在一個需要大量，或公開與人交談的情境裡。

因為經驗少，正面回饋也少，自然會在「溝通」或「展現自己」這方面的經驗比較缺乏，表現可能比較不好，也會較沒自信。

但「內向」與「沒自信」不一定會連結在一起。

以下同樣舉兩個交錯的例子：

我是一個只要面對鏡頭，或是公開說話，就會很容易緊張跟當機的人，可是我對於我的外貌、語言表達能力、組織能力、邏輯思考力，都有一定程度的信心。

我並不是因為我覺得我會表現不好，才感到害怕與畏縮，純粹是公開暴露與呈現我自己，對我來說，就是一件刺激過大、讓我很焦慮的事。

內向與「不善言詞」

心理學很有趣的是，我們除了觀察外在的表現與行為，同時也重視內在世界的感受與情緒。因此，我雖然在公開場合、陌生情境，以及鏡頭前看起來緊張、話少，但我的內在世界是一片豐富的汪洋大海，我有許多對世界的觀察與感受，也很想要分享給大家。

而所謂的「善於溝通與表達」這件事，其實需要有足夠的「安全感」，加上「語言組織與表達」能力。

有許多一流的講師、演說家、表演者或企業家，其實都是極度內向的人，但他們都找到一個讓自己感覺自在的方法，去呈現出自己。

當他們能把內在豐富的世界與他人分享，我們也能感受到他們的細膩與精采。

內向與「逃避依附」

「焦慮依附」與「逃避依附」是近年來廣受討論的依附理論中的兩種類別。

依附理論認為，人類作為哺乳類動物，天生就有「依附需求」。在群體中，特別是在親密且信任的關係裡，我們渴望獲得安全感、連結感與價值感。這種「我是好的」、「我在關係裡，是被喜愛且安全的」的需求，就是「依附需求」。

依附對象通常是生命中的重要他人，例如父母、養育者或親密伴侶。

當依附關係受到威脅時，人們會啟動「保護機制」，以挽救關係或保護自己。

「焦慮依附者」害怕失去關係，因此當關係受到威脅時，他們會積極採取行動，進行修補和挽救，以確保關係的安全與存續。

而**「逃避依附者」害怕失去自我的影響力、重要性與價值**，因此他們會選擇保持距離、切斷關係，或淡化對方對自己的影響力，以保護自己，讓自己不會輕易受傷。

內向與逃避依附有時容易讓人混淆，因為兩者都可能表現出較為冷淡、保持距離的行為。

但「內向」是一種性格與特質，反映在能量投注、流動與補充上，是一種持續且穩定，不需要外在威脅就會存在的。

相對地，「逃避依附」是一種互動模式與依附風格。它會隨著人際關係的變化、安全感的程度而改變。「逃避依附」的自我保護行為主要在關係受到威脅時，才會明顯展現。

先天的內向特質與後天的經驗，如何交互影響？

上述的幾個詞彙，是將「內向」與其他容易搞混的概念，做一些對照與比較。

接下來，是關於「先天的內向特質與後天的經驗」如何交互影響一個人。

內向與「家庭教育」

家庭是我們大多數人所接觸的第一個「微型社會」。透過父母的言教與身教，我們自然而然地受到耳濡目染的影響。

大部分的家庭都具有「社會化」的功能。舉例來說，父母會教導孩子看到長輩要問好，也會鼓勵孩子多交朋友，與其他小朋友一起玩耍，或是告訴孩子要自立自強，盡量不要麻煩他人。

這些價值觀與教育沒有絕對的對錯，但會形塑出一個人的基本樣貌，或是透露出父母對於孩子的期待，當然也會影響孩子對於自己的看法。

例如，如果在父母心中，他們認為「能言善道」才是好的，不說話代表「膽小、沒自信」，當這樣的父母遇到一個內向的孩子，可能就會在無意之中說出：「你幹麼不說話，這樣很沒禮貌。」或「這又沒什麼，你要有自信一點！」這些話，會對孩子產生負面的影響，甚至會讓孩子認為自己現在的表現是不好的。

如同我在〈前言〉所提到，那個穿著一件泳褲，被迫在大眾泳池「要勇敢一點」的我，其實就有一種很不舒服、被勉強，甚至被焦慮淹沒的感覺。

而家庭教育也會對「內向／外向」特質，產生不同程度的影響，影響孩子表現出來的外在行為與樣貌。

例如，一個內向的孩子，若父母是政商名流，家中常有賓客往來，孩子也被父母期待能與賓客們侃侃而談。若父母對孩子是比較鼓勵、支持的，久而久之，這孩子有可能不再怕生，對於表達、與他人互動，也會相對有自信。雖然這孩子仍然是個內向者，喜歡以獨處來補充能量。

相反地，一個外向的孩子，即使他很喜歡與父母互動、交談，但如果父母本身很需要個人空間，性格較為內向，而在這個家裡，也沒有其他的兄弟姊妹可以與他互動與相處，他的人際互動與溝通的經驗相對少，久而久之，這孩子沒有機會展現自己外向的特質，也會變得比較沉默寡言。

因此，「家庭」會帶給孩子兩種深刻的影響：

1 自我接納的程度：

家庭給予孩子的是接納、尊重的環境與空間，或是負面的回饋，甚至是批評，將影響孩子對於自己本身特質的接納程度。而接納程度愈高，則會讓身為內向者的你更自在、放鬆。

2 經驗的豐富度：

是否有足夠多的經驗，讓孩子練習某一些關鍵的能力？例如自我相處、溝通表達、人際互動等，也會深刻地影響孩子。當你的經驗愈豐富，也會讓你對自己的社交、表達能力愈有信心、愈自在。

內向與「學校教育」：社會化

一個人出生在「家庭」，這是一個人進入的第一個微型社會，接著進入「學校」，學校是家庭與社會中間的過渡期，最終再進入「社會」。**家庭→學校→社會，這是一個人「社會化」的過程**。

當一個孩子到了就學的年紀，他開始體驗到要暫時脫離家庭，進入到學校，相較於前述提到的家庭，這是孩子面臨第二波需要被「調整」的挑戰。

在學校裡，那一個非常內向，但成績優異的孩子，或許會被期待擔任班上的班長，而這就挑戰到了這個內向孩子的舒適圈，如同當年我僅僅只是因為在班上的成績比較好，就被挑選去參加朗讀比賽，做我過去從不曾做過的公開演講。

而總是愛嘰哩呱啦講話的外向孩子，可能會被期待要在上課時乖乖地、不要說話，以免打擾其他同學的學習，甚至還可能因為太吵了，被其他人白眼、討厭。

「社會化」是戴上面具嗎？

上述這一些，無論是家庭或學校，都會讓一個孩子帶著先天的內在特質，但又在後天的外在環境交互影響下，慢慢長出讓自己能在這社會生存的樣貌。

這一個過程不見得是舒服的，甚至經驗也不見得是正向的，也許還有可能帶來一定程度的挫敗與創傷，但這卻是一個孩子成長必經的歷程，也是「社會化」的過程。

那麼，「社會化」的本質是什麼？就是讓自己長出一個社會可以接受的樣子，戴上一個有利於你適應與生存的面具。

此處所說的「面具」，並沒有負面的意思，因為我們是社會性的動物，必須做一定程度的調整，校正自己。好處是你會活得比較「順利」，就像是上述的例子，配合爸媽、配合學校的期待與要求，而調整自己，其實這對絕大多數的人來說，都是正常且健康的。

但如果這個社會化的部分過頭了，也有可能會壓抑孩子原本的特質，讓孩子感覺真正的自己被忽略、否定了，也覺得真正的自己沒有被接納，孩子因而暗自神傷。

因此，先天的特質在後天社會化的過程中，會產生什麼樣的交互影響？也是我們非常在意的重點，而這也有助於我們發展出下一個章節提到的「**性格不等於能力**」的理論基礎。

內向與「創傷」：自我保護

記得前文提到的偉哲嗎？因為國中時被大家排斥的經驗，讓偉哲學會：「如果我要避免說錯話、太『做自己』，被大家討厭，那麼我是不是都先閉嘴、低調一點，或先觀察別人的反應後再開口？我想，這會比較好。」

偉哲因為害怕再次受傷，所以選擇壓抑自己原本外向、直爽，以及渴望互動的天性。

因此，**偉哲表現出的內斂與低調，並非源於內向，而是來自內心的恐懼**。

偉哲的沉默與低調，其實是一種自我保護的機制，也就是說**他其實是一個受傷的外向**

者。

以下是另一個與家庭創傷（註）有關的例子：

慧恩在公司裡，總給人一種很放心的感覺。只要把事情交給慧恩，她都能夠以最快的速度完成。

更神奇的是，慧恩總能在主管、同事，甚至下屬稍有一點不開心的時候，就馬上用最快的速度，發現到他們的不開心，並用很有手腕的方式，化解對方的不開心。

這樣的能力，讓慧恩得到很多人的賞識，但也不知為何，慧恩身上總有大大小小的疾病，例如胃痛、婦科疾病、胃食道逆流、失眠等。

有責任感的慧恩，下班時總會想要躲起來，但她又覺得自己的工作沒做完，或別人交辦的任務沒有完成，因而感到很有罪惡感。

常常有人勸慧恩，對她說：「你是不是壓力太大了？要不要休息一下？」

慧恩都笑笑地說：「還好啦。工作本來就是這樣。」

在某一次的會議上，慧恩的主管突然大發飆。主管罵了在場的人一頓，儘管不是針對慧恩，但情緒一向都很穩定的她，突然被嚇到雙眼呆滯，後來還在會議室裡哭了一個小時。

經過朋友介紹，慧恩與諮商心理師安排了晤談。在晤談後，慧恩才慢慢探索出，或許她自己對別人很敏感，所以常需要躲起來休息，還有那些生理疾病，其實都與她的童年，慧恩需要安撫自己父母情緒有關。

慧恩的媽媽是一個有完美主義的小學老師，從小就要求慧恩的學業成績、飲食、運動。在時間安排上，媽媽非常嚴格、有紀律。雖然媽媽不會罵人、打人，但媽媽常常告訴慧恩：「如果你連你的成績、你的身材，都管不好。你長大後，怎麼可能成功？」

而慧恩的爸爸雖然沒有那麼嚴格，但在多次創業的經歷中，常常焦慮著資金的來源。有時為了應酬，爸爸好幾個月都不回家，有時則是被社會的鐵拳重擊後，灰心喪志，這些都成為慧恩父母衝突的原因。

雖然慧恩的父母不至於有虐待慧恩的狀況，但是媽媽的嚴格與完美主義，內化成為慧恩的標準，讓慧恩嚴苛地要求自己。

而爸爸因為工作，與家裡疏離，也成為與慧恩媽媽爭吵的導火線，這些都讓慧恩的心裡產生一個信念：「**如果我再努力一點、再爭氣一點、再機伶一點、再多賺一點錢，會不會就不會讓父母失望，也不會讓父母爭吵了呢？**」

「創傷」造成的影響，遠大於「特質」的呈現

有些孩子生長在充滿衝突、高情緒張力的家庭。父母的情緒很不穩定，所以**孩子必須發展出**的**生存策略**是：要會察言觀色，還要能透過敏感地覺察別人的情緒，快速地調整自己，以降低對方不開心的機率。

在這樣的情況之下，「創傷」所造成的影響已經遠大於「特質」的呈現。以前面提到的慧恩為例，她想要躲起來的反應、對他人行為的過度敏感，以及人際上的退縮、小心翼翼，都是一種生存策略，而不能單純以內向特質的角度來理解。

此時要做的，則是去釐清過去這一個強烈的負面經驗，也就是創傷對自己造成的影響，再透過覺察、區辨、自我安撫、療癒，讓自己慢慢從創傷裡復原。

為什麼需要分辨是「原因」，還是「結果」？

我試著區分上述這些相似的概念，但為什麼需要做這樣的區分呢？

如同前文所說，內向是人的性格、特質與傾向，這是一個恆久不變、穩定的特質，就像是一個人的「原廠設定」；內向是「原因」。

在成長過程中，我們所接受的教育、累積的經歷，以及周遭環境的影響，都可能會放大、加強，或縮小、淡化這個特質的展現。

如果想知道自己的內向是否偏向於「原因」，也就是與生俱來的特質與性格，建議你觀察「小時候」的自己，會更接近於自己的原廠設定。

因此，若你擁有內向的「特質」，比較適合透過「自我理解、自我接納、自我安撫、拓展能力」等方式，對待自己。因為特質無法改變，接納自己反而可以讓你更自在。

至於與能力有關的，不妨「練習與拓展」，例如社交能力、語言表達能力、察言觀色的能力，這些都會在「第二篇　改變篇」詳細討論。

但如果是因為過去經驗的影響——無論是在正常發展過程中，為了適應社會，所以社會化後，校正自己的外在表現，或是生命中的某些重大經驗，甚至是創傷，造成那些看起來稱之為「內向」的表現，例如沒自信、焦慮、自我批評、封閉、逃避、對人過於敏感，其實更偏向於「結果」，或是一種生存策略。

如果是經驗對我們造成的，就要「區辨過去經驗對自己造成的影響」，並往「自我療癒」的方向前進。例如創傷、負向經驗，我們就需要辨識出來，重新思考、審視，並管理這些經驗對自己的影響。

而如果遇到自己無法「清創」的部分，建議尋求專業心理師的協助，以幫助自己療癒。

最後提醒，雖然上述提供了很多的詞彙與概念，但希望大家不要過度執著於標籤與分類，而是要透過這些區分，找到適當的因應方式與方向。

註：補充說明「創傷」這個詞彙。前文的舉例，是將那些比較強烈的負面經驗，都統稱為「創傷」，這是為了方便大家理解。但實際上，「創傷」有明確及精準的定義，例如過度警覺、逃避相關經驗、解離，甚至閃回（指過去創傷沒被處理的記憶，因為某個情緒被觸發，瞬間喚起過往創傷而重歷其境）等。

如果以身體的受傷做比較，我們騎腳踏車時跌倒擦破皮，或發生車禍，導致開放性骨折，都可以稱作「受傷」，也都可能會因為害怕再次受傷，而產生一些自我保護的行為，例如騎車時候會特別小心，或變得不太敢騎車。

不過，在程度上，擦破皮帶來的影響遠小於出車禍，所以騎腳踏車擦破皮，是受傷，但不是創傷，而出車禍導致的開放性骨折，則可能是大受傷，但仍不是創傷。會如此釐清，是避免大家過度把一些「負面經驗」泛化為「創傷」，反而對於療癒自己造成限制。

四、什麼是「高功能內向者」？性格不等於能力

還記得本書開頭提到的Jessica嗎？她的工作能力非常強。身為外商業務的她，語言能力好、腦袋靈活、邏輯清晰，對他人的共感力也極強。這些特質讓她在銷售與談判過程中，能精準掌握顧客的需求，進而達成優異業績。

但對Jessica而言，**這樣的好表現，反而成為她的包袱**。

「其實，我喜歡我的工作，也喜歡和大家一起完成目標的感覺，但……我真的好累。」

「你說的累，是我們之前提過的那種感覺嗎？就是大量與人互動時，像在不斷輸出，但卻沒有自己的空間，可以充電休息？」

在前幾次的諮商中，我開始從「內向」的角度來理解Jessica的反應。我也教Jessica一些自我照顧和設限的小技巧，所以這部分已經有些改善，也因此，Jessica的疲憊可能還有其他的原因。

Jessica繼續說：「不只如此。很多人都說：『你表現得很好啊！很多人都做不到你這樣的成果，你已經很厲害了。你不要給自己太大的壓力。』大家都以為我是對自己的要求太高，的確，我是有標準。但最累的，其實不是這個。」

「那是什麼呢？」我引導她繼續說下去。

「就是，我知道我做得到，但總覺得別人都在看著。」

「你是說，別人會給你壓力嗎？」

「其實不是別人給我壓力，只是**我太容易感受到別人的情緒變化。就算他們說沒關係，我還是能感覺到他們的期待，也知道當我做不到時，他們會失望，只是不說出來而已。**」

「所以你就一直用亮眼的表現和能力，去填補別人期望中的空缺，試圖成為『你認為』他們心目中理想的樣子。但這讓你必須一直戴著面具，無法喘息。」

稍作停頓後，我放慢語速，溫柔地說：「因此**你很少很少，真正關注自己內心深處的疲憊；很少真的堅定地『為自己』設立界線，保護自己、照顧自己；也很難相信，其實你已經夠努力、夠好了……**」

聽完我說的這段話，Jessica靜靜地抽了衛生紙，優雅地擦拭眼角的淚水。

性格不等於能力

還記得嗎？前文曾經提過「高功能內向者」這一個詞彙，現在，我們將它拆解成「高功能」與「內向者」兩個部分。

高功能指的是「能力」，而內向者指的是「性格」。

為什麼要區分這兩者呢？因為「性格」需要去認識與接納，而「能力」是可以透過練習來提升的。

我們不需要把自己變成另外一個不同性格的人，但是我們可以透過提升與改善我們的能力，讓自己適應得更好、過得更自在。

在這一個章節裡，我們來談談能力。當我們說某人是「高功能」內向者時，這裡的能力究竟指的是什麼？

如何在適應社會與活出自己之間，取得平衡？

我們活在一個過度在意外在表現與成就的文化裡。

從小，我們被要求成績，進入社會後，我們被要求薪水、成就，就為了讓我們符合社會的期待。然而，我們卻很少討論，一個人的感受、想法及自我價值等。因此，在這樣的成長脈絡底下，**我們培養出很多「高功能，低情感」的人**。

例如，我在學校的學業成績算好，社會功能也不錯，但我很少學習到如何與同儕相處，因此，在我求學時期，很多時候在關係中，我都是非常緊張、焦慮的，因為我不知道如何融入大家。

我們也看到許多「理工直男」，他們在自己的專業上非常厲害，但卻可能完全不懂得怎麼談戀愛，甚至過去有許多社會新聞，是高學歷的當事人，卻因為某一次的挫折，而做出非常可怕、毀滅性的事。

所以在「能力」的第一個軸度裡，我想提醒大家：你的工作、專業能力很強，並不代表你各方面的能力也都很強，甚至還有可能，你的**「高功能」變成一種保護色**，如同我在人際關係上的能力缺乏，但大家卻覺得我只是「比較安靜」，而忽略了我的內在世界，其實非常的挫敗與孤獨。

假我——適應社會的能力

為了適應社會的期待與規範，我們會發展出有助於我們在社會適應與生存的能力，例如專業技能、證照、工作表現等等的「硬實力」，但也可能發展出我們在人際關係裡，某種程度地壓抑自己，或是習慣性地先觀察他人的臉色，我們再做出適當地調整，而不會直接表露我們的不開心。這些都是心理學上的「假我」（註），或比較通俗的說法，就叫做「面具」。

真我——活出自己的能力

另外，相較於「假我」，「真我」是指感受與覺察自己、自我照顧、設立界線、沉澱、整理自己以及獨處的能力。

相對於能夠讓我們賺錢的工作，這一份能力讓我們能做一些純粹讓自己開心，但不一定有具體成果的事，比如種花種草、畫畫、在家下廚等。

如何整合假我與真我？

一個人活在這世界，若想活得自在、舒服，除了必須適應社會外，也需要活出自己，而這兩者需要整合的能力。

以「人際關係」來說，人際關係是極其複雜且充滿挑戰的領域，它需要多種能力的整合，才能建立良好的關係與對話。

這包括：認識自己的情緒、了解自己的想法與價值觀、具備清晰的語言表達能力、在關係中勇於展現真實的自己、理解與感受他人、適切地回應對方，以及處理衝突、能獨處、能拒絕和自我照顧的能力。

想要有一個好的人際關係，是同時需要知道自己喜歡、不喜歡、想要、不想要什麼，忠誠於自己；同時也需要找到一個不會破壞關係，或讓別人不舒服的表達方法。

再舉另一個例子，有些人的工作剛好是他的興趣，甚至剛好能夠幫他賺錢，這也是某種程度上的「整合」，可以兼顧到內與外、真我與假我、適應社會與活出自我。

我們對「面具」反感?!

需要特別說明的是，很多人看到「面具」或是「假我」，會有一種負面、虛假的感覺，但那往往是因為我們大部分的人在成長過程中，曾經被他人的眼光或社會期待所挫敗，或是被虛偽、謊言所傷害，也就是我們要做到真正地重視自己，這是很困難的，甚至也會因為別人戴面具後，所做出的行為而感到受傷，所以我們會對「面具」很反感。

然而，面具或假我，都只是中性的描述，甚至進一步來說，它是一個人為了適應社會，而必備的一種能力。

如果只有「真我」，一個人會變得白目、像是巨嬰。

如果只有「假我」，那會是永遠戴著面具，拔不下來，且容易內耗、找不到人生的意義與價值。

對於大多數人來說，我們很少意識到這些能力是如何在成長過程中逐漸養成的。而通常，這些能力是透過家庭環境、重要他人與我們互動時的情緒穩定程度、互動品質等所潛移默化而成。

因此，若能有意識地發展自己的弱項，例如對身為內向者的你來說，你知道怎麼在拒絕別人的時候，包裝與修飾自己的語言，且態度既溫和又堅定，這其實就是某種程度上的練習戴上面具，也就是用你的面具（假我）保護內向的自己（真我）。

而如果你是比較容易討好別人，壓抑自己需求的人，那麼就可以學習說出雖然委婉，但是真實的話。當這些話不是客套話或違心之論，就表示你對自己誠實，你也就不會有虛假、偽裝或內耗的感覺。

適應型高功能內向者（Adaptive High-functioning Introvert, AHI）

接續上述的內容，雖然同樣都是內向者，但由於後天經驗的影響，以及假我、真我兩種能力的發展與整合程度不同，可能會發展出「適應型高功能內向者」與「非適應型高功能內向者」。

「適應型高功能內向者」具有較高的整合度，他們能善用並發揮自己的內向特質。

內向的人，不適合當業務?!

舉例來說，一般認為做「業務」的人，需要能言善道、能影響他人，所以需要的是外向特質。

但**若你是內向特質的業務，你反而可以善用自己擅長傾聽的優勢**。在深入了解客戶的需求，且經由你完整思考後，你再提出建議。你往往能帶給客戶專業且令對方安心的感受。

我認識許多優秀的業務，他們完全不靠交際應酬。他們與客戶建立的是真誠且長期的關係，自然也創造了許多回頭客。這正是善用並整合內向特質，將其運用在職場上的絕佳範例。

當然，若你是內向特質的人，其實這樣的工作方式仍會讓你感到疲憊。

我建議，若有邀約的聚會，你可以坦誠地對工作夥伴說：「我最近工作比較忙，需要一些休息空間。今天我會在幾點鐘先離開，你們玩得開心。希望下次聚會，我能再參與。」

這樣既保有自己的空間，也讓他人感到安心。

既照顧自己，也能回應他人與社會的期待

再舉另一個例子。

身為公司高階主管的Ellie，她每年至少都會安排兩次出國旅遊，這是她為自己所規劃的自我照顧。但因為Ellie做事可靠，所以即使她出國，同事也常會打電話詢問她各種問題，Ellie因此感到十分困擾。

當Ellie問我該怎麼辦時，我的建議是，若Ellie能做好事前準備，例如安排職務代理人，或將專案處理到階段性完成後再出國，不過最重要的是，我告訴Ellie，她必須清楚告知同事：「我在國外旅遊，通訊可能不便，請先用訊息聯繫。如果真的很緊急，你們再打電話過來。」

後來Ellie這麼做之後，她的旅遊幾乎就沒再被打擾。

而這也是適應型高功能內向者的特點，他們能用整合的方式，既照顧了自己，又能回應他人與社會的期待。

不過，你或許會問：「但我就是做不到啊。我只是基層員工，主管不會給我這樣的空間。」

但其實我們更該思考：如果連保護自己工作與生活間的界線都不被允許，那麼這真的是個健康的工作環境嗎？你真的「沒有選擇」嗎？所謂的做不到，究竟是因為環境所限，還是因為你不敢？

一個內向的人要如何成為「適應型高功能內向者」，以及又該如何整合外在期待、自我需求、假我與真我？在「第二篇　改變篇：高功能內向者——E.N.R.I.C.H.六力蛻變圈」，會有更詳細地說明。

不過，再次提醒，**「特質」需要接納與善用，而「能力」則可以學習與訓練**。當你能整合兩邊的力量，當你真正願意照顧自己的身心需求時，你會感受到世界是安全的，並活得更加自在。

這份安全感並不是來自於沒有危險或威脅，而是來自於你知道你有能力可以為自己站出來，保護自己。

非適應型高功能內向者（Maladaptive High-functioning Introvert, MHI）

如同前文所說，一個正常、健康的人，身上會同時具備假我與真我——需要戴上面具，但又不會無法摘下面具，讓面具底下那張真實的臉，因長期被掩蓋而窒息。

也因此，**「非適應型高功能內向者」的內在是「分裂」的**。

內在的「分裂」

當他**戴上面具時，他的內心感到痛苦且覺得失去自我**；但當他開始試著**照顧自己**時，**又會感到極度不安**。

彷彿只有那個表現優異、有成就的自己，才能獲得接納與喜愛。

久而久之，這種「代償」會讓他愈來愈不敢展現真實的自己，以及表達自己的需求。

例如，他會不敢對身邊的人說：「我累了。我想回家休息。」他也不敢違背父母與社會的期待，去追求真正熱愛的工作，或尋找適合自己的工作環境。最後只能繼續「演」

著自己心中的理想形象（但不一定是他人真正期望的），變成一個無法下戲的演員——難怪會筋疲力竭。

而非適應型高功能內向者，通常也擁有較強的共感能力與敏銳度，因此他們更容易受他人的影響，而忽略自己的需要。

「能力」的背後，充滿著「害怕」

還記得在「假性內向」章節裡提到的慧恩嗎？慧恩出生在不安全、不穩定的家庭環境裡，而父母的高衝突與高情緒張力，讓她長出敏感覺察別人情緒的能力，所以她總能快速地調整自己，不但能完成任務，還安撫了周遭的人。

慧恩的這些能力是為了在成長過程中，能夠活得更安全、順利，而長出來的生存策略。

但慧恩一直沒有辦法真正地放鬆與休息，她的內在始終無法真正感受到平靜。因為在慧恩的「能力」背後，是充滿著「害怕」。

這一份害怕，使得慧恩不敢讓自己真正的需求、樣貌展現出來，而成為上述的「非適應型高功能內向者」。

慧恩愈分裂、愈壓抑，她的外在表現愈好，但也活得愈來愈累。

能力是創傷開出來的花

不過，我想強調的是，當我們發現原來過去的經驗，讓自己過得很累時，請**先不要急著怪自己，或改變自己，而是先去「理解」自己**。這個樣貌對自己帶來的幫助是什麼，至少「曾經」帶來的幫助。

我很喜歡的一句話：「能力是創傷開出來的花」，也就是說，我們為了因應一些困難的情境與挑戰，而逼不得已地長出了某一個樣子，那都是為了幫助我們活下去，或至少先度過當時的一些難關。

如果你帶著這樣的眼光去理解自己，你會**在改變自己之前，更「接納」自己現在的樣子**。

註：真我、假我，是精神分析師溫尼・考特所提出的關於自我的分類，並不是「能力」的概念。此處借用／混用了這個概念，作為一種「能力」的分類，雖然不夠精確，但對我而言，若視為一種「能力」，則是可以學習、培養，也是我覺得比較有發展性且正面的觀點。

五、內向者的六大內耗惡性循環 A.F.R.A.I.D.

「為什麼別人可以侃侃而談，但對我來說，卻這麼難？」阿傑苦惱地說。

阿傑是一位標準第二類組的本科系工程師。他的外表乾淨、整齊，戴著小圓眼鏡，說話溫和、緩慢。

公司認同阿傑的工作表現與能力，希望他能上台，向客戶報告他負責的專案。但這件事卻讓阿傑緊張到每天胃痛，最後不得不尋求心理諮商。

阿傑的困擾其實不難理解。

在公司裡，他一直是低調、安靜、善於傾聽的角色。他不是特別引人注目的性格，但我在幾次晤談後，我發現在他沉默的外表下，藏著一個害羞的小宇宙——充滿想法和點子，而且他總能以細膩、溫柔的方式，維繫與同事間的一對一關係。

阿傑在這樣的狀態下其實很自在，但只要人一多，或是在不熟悉的新環境中，他就容易耳朵發熱、腦袋空白。

從小到大，阿傑經常有這種緊張到肚子痛的情況。每當朋友邀約吃飯或聚會，他總是猶豫再三，有時甚至會在當天以身體不適為由缺席。這種不適並非假裝。只是一旦確定不用去參與聚會，他的症狀就會立即消失。

阿傑也意識到自己總是迴避邀約不太好，但就是找不到方法，讓自己「勇敢一點」。

當然，在阿傑這個例子裡，除了內向特質外，還摻雜了一些社交恐懼和舞台恐懼，但其內在惡性循環的模式，仍然值得探討。

讓我們來看看另一個例子。

筱薇從小就是資優生，她的成績名列前茅、外表出眾、聲音甜美，很容易在群體中成為焦點。

筱薇的父母都是上市櫃公司的高階主管，家境優渥。筱薇的父母在筱薇身上投入許多資源，他們採取嚴格但仍算民主的教育方式。筱薇因為常和父母外出用餐，有時巧遇父母的同事，因此筱薇與長輩的互動，也讓她比一般人更懂得應對進退。

看著父母事業有成，筱薇也積極規劃自己的人生。她擔任班長、競選學生會會長、積極參與社團活動、規劃演講、爭取出國機會，立志成為大公司的高階經理人或領導者。

但在這看似一帆風順的人生背後，筱薇的心中其實埋藏著一個大祕密。

筱薇一直懷抱著成為漫畫家的夢想。她希望自己能夠一整天都待在臥室裡，畫她喜愛的動漫角色插畫。

筱薇的父母其實從未明確限制或批評她，只是會在她畫畫時提醒：「不要花太多時間弄那些有的沒的，要記得準備下週的考試。」但**對內向又敏感的她來說，這樣的話已經暗示著父母的不認同**。

於是，筱薇繼續循著父母期望的道路前進，她參加眾多活動，與人大量互動，也不斷給自己新的挑戰。

但有時，筱薇的內心總會浮現一個困惑：「這真的是我想要的嗎？」

這兩個例子，一男一女，一冷一熱，一逃一戰，但都能透過以下的「內向者的內耗惡性循環A.F.R.A.I.D.」來理解。

內向者的六大內耗惡性循環 A.F.R.A.I.D.

我試著把內向者的內耗惡性循環，組成一個容易記憶的英文單字：AFRAID（害怕），分別代表：焦慮（Anxiety）、偽裝（Fake）、反芻（Rumination）、逃避（Avoidance）、內在批評（Inner Critic）、退化（Degeneration）。

焦慮，A（Anxiety）

這是指一個人對於未知的情境、人際的互動或行為表現的擔憂，由於內向者較容易感受到別人的反應與情緒，因此也較容易被影響，或是當內向者遇到一個具有挑戰性的壓力情境，若再加上過往的負向經驗，他們就很容易帶著「焦慮」，進入一段互動關係或有挑戰的情境裡。

例如阿傑上台報告，就誘發了阿傑強烈地焦慮。而筱薇的焦慮不在於自己的表現，而是在於「當我沒有活成爸媽期待的樣子時，他們還會愛我嗎？」是對於自我認同與價值的焦慮。

偽裝，F（Fake）

如果你是「非適應型高功能內向者」，你可能會極力地想把內向、焦慮，甚至挫敗的自己藏起來。你可能**會讓它們躲在優異的表現背後，或是刻意讓自己表現得「看起來很外向」**，不讓別人發現自己的不安。

然而，戴上面具，偽裝自己的同時，你會不知道如何照顧、安頓自己內在的需求，你也不敢開口為自己的需求去做爭取。

因此，**最快、最安全的做法就是壓抑需求**。即使遇到不適或關係中的障礙，也選擇忍耐。功能較好的人，甚至能「演出」他人期待的樣子，但這種表現往往帶有偽裝的成分，內在是很分裂的。

以阿傑為例，雖然他的心中有許多的想法，但卻很少表達出來，他也很少表達自己的感受與需求。

阿傑的偽裝體現於，他習慣呈現出一個無害、溫和、少有意見的角色。維持友善但疏離的形象，既不會與人太親近，也不會讓人覺得不適。

這樣的形象與距離感，勢必有一定程度的好處，但也迴避了一些關係中的互動與交流。

對於筱薇而言，她在領導經驗、社團表現和生涯追求，都展現出色的「功能」，但內心對畫畫的渴望，以及不太想與他人過度互動的聲音，都被她忽略了。

當長期的演出逐漸成為習慣，筱薇認為自己必須依循父母從小為她規劃的路徑，也必須符合父母心目中的期待，她只能放棄內心的夢想。

反芻性自我對話，R（Rumination）

在掩飾自己，偽裝成別人的過程中，由於外在的平靜和內在的慌亂，呈現出明顯的對比，而這對於一個人而言，是非常分裂的，因此即使別人沒有發現，但自己內在的小宇宙其實是大爆發的。而**那些被壓抑下來的感受與狀態，或是被忽略的感受與聲音，就會成為一個漩渦，進入反芻的狀態**。

例如阿傑因為習慣隱藏自己，也不懂得如何安撫內心的緊張，他在參加多人聚會或上台報告時，常會面紅耳赤、心跳加速。這些生理反應不斷提醒著他：「我好緊張、我不知所措、我好奇怪、我覺得好尷尬」，讓他愈想愈焦慮。

這些在心裡的OS，心理學稱之為「自我對話」。

自我對話不一定是負向的，它也可以是中性、正向或負向，例如「你可以做到！」就是正向的自我對話。但如果阿傑在心中想著：「大家一定覺得我很奇怪」，就屬於負向的自我對話。

但最糟的，還不是負向的自我對話，而是像毛線球一樣糾纏著自己的災難性畫面，或是一句不斷恐嚇自己的話，不斷地在耳邊重播。

成就反而成為束縛

筱薇雖然在外在表現上屢創佳績，但這些成就反而成為束縛，讓她難以改變。

筱薇缺乏「做自己喜歡的事，並得到他人理解與支持」的經驗。儘管父母只是淡淡地對她說出「趕快去念書」，但這對於內向且敏感的筱薇來說，光是這句話就已經成為對筱薇自我的否定。

因此，筱薇雖然不至於嚴厲批評自己，但卻會不斷地告訴自己：「不要做那些浪費時間的事情」，甚至她還會告訴自己：「如果我沒有完成那些父母對我的期待，我就會讓他們失望」，這樣的聲音頻頻在筱薇的內心盤旋、反芻，讓筱薇承受著莫大的壓力。

最後，我想補充，反芻性的自我對話，**對於內向者來說，很容易被他們加乘與放大**。因為內向者的能量與思考本來就傾向往內，因此容易把幻想當成現實，也很容易把別人對自己的負面看法與批評，當成事實來思考。

逃避，A（Avoidance）

「逃避雖可恥，但有用」是《月薪嬌妻》裡的名言。逃避確實可以是一個好策略，若有意識地運用，將能幫助我們避開許多的不適。但在內向者內耗的惡性循環中，逃避像是一種無意識的選擇，引發出更多的負面狀態。

例如阿傑會因為身體不適而避開朋友的邀約、聚會（即使這並非裝病，而是真實的不適），但這反而讓他沒有機會去經驗到，原來與朋友一起吃飯，或是上台報告，並不是一件那麼災難與可怕的事情。

筱薇則是拚命追求成就，但自己一直沒有機會靜下心來，思考自己真正嚮往的生活方式。她**只是用高強度的工作、任務和挑戰來麻痺自己**。這也是一種形式上的逃避。

當然，再次強調，逃避並非全然不可，只有在逃避變成一種習慣，你除了逃避之外，沒有別的選擇，甚至帶來的負面影響大於正面功能時，逃避才會變成一種問題。

內在批評，I（Inner Critic）

你以為「逃避」之後，就輕鬆了嗎？最慘的是，逃避之後，雖然避開了短期的壓力，但你的心中仍會出現自我懷疑、批評的內在語言，例如「我這樣是否不好」、「我怎麼那麼差」、「這樣的我，不會被喜歡」，這也是整個循環圈中，令人最難受、內耗的部分。

退化，D（Degeneration）

最後一個階段是「退化」。我喜歡把內在的心智比喻為身體肌肉，當某個區塊的肌肉使用太少，就容易產生「肌少症」，反而更難應對重物和挑戰。同樣地，如果一個人總是選擇逃避，就也失去了發展新能力的機會。

阿傑因為在多人聚會和上台表現時，總是感到緊張，且幾乎沒有成功的經驗，他漸漸失去適當加入話題、得體拒絕他人（只能以生病為由）、在公眾場合演說的能力。

對筱薇而言，如果她不給自己時間，重新思考她理想的生活，也不敢嘗試追求自己熱愛的事物，為自己而活，最終，她只可能活出一個外強中乾的人生——忙碌但空虛。

字母	英文詞彙	中文詮釋	心理狀態說明
A	Anxiety	焦慮、不安	對未知、人際互動或表現的擔憂。由於較容易感受到別人的反應與情緒，加上過往的負向經驗，容易帶著焦慮，進入互動關係裡。
F	Fake	假裝、壓抑	為了融入或避免被批評，強迫自己表現得「正常」、「社交得體」，但內心卻極度不自在。
R	Rumination	反芻性自我對話	一直想著「我剛剛說錯話了嗎？為什麼那個人的表情怪怪的？」反覆自責、停不下來。
A	Avoidance	逃避、退縮	因為壓力過大與焦慮升高，因此選擇不參加聚會、取消任務，漸漸遠離人群與挑戰。
I	Inner Critic	內在批評	雖然避開了短期的壓力，但心中仍會出現自我懷疑、批評的內在語言：「我這樣是否不好」、「我怎麼那麼差」、「這樣的我，不會被喜歡」。
D	Degeneration	能力退化	長期的內耗導致能量枯竭、倦怠或無力，甚至自信心崩盤，也由於長期逃避，導致一些「人際互動」或「自我照顧」的相關能力逐漸退化。

而**那些為了讓自己有機會過得更好的能力，例如拒絕、承認並實現自己的需求**、試著踏出舒適圈的冒險，**都是需要學習與訓練的**。

但內向者在刻意避開壓力的情況下，會變得對這些愈來愈陌生、不擅長、無力面對挑戰，能力也愈來愈退化。

最苦的是「內耗」

其實討論了這麼多，我想用一個最傳神的詞彙來形容，那就是「內耗」。

內耗，指的是內在的自我拉扯與衝突。我們既無法真實地展現自己、滿足自己的需求，又無法果斷地拒絕他人，甚至需要不斷偽裝、演戲。

日積月累下來，我們的內在變得極不平衡。更糟的是，大量的時間與心力都耗費在內在的拉扯、掙扎、猶豫和進退兩難之中，最終只能徒勞地空轉。

但，這是否意味著我們必須改變成外向的人？或是要進行更多的冒險與嘗試？先等等，事情絕非如此。

在下一個章節中，我們會先探討「內向者的優勢與特質」，這是建立自我認識和自我接納的重要基礎。

接著在「改變篇」中，我們將一起探討「是否需要改變」以及「改變的方向」。

六、內向者的天賦：不是缺少美，而是缺少發現

在這一個章節，我想先分享我的經驗。

小時候，我常被說「很乖」。其實，我並非刻意乖，而是因為我喜歡觀察各種小事物。

對我來說，這個世界本來就充滿趣味。

有一幕畫面，我特別深刻。在公園裡，我看著地上的螞蟻排成一列前進，我可以一直看、一直看。印象中，我看了半個小時都不覺得膩。

據說我五歲時，就能安靜地搭十幾個小時的長途飛機，跟著爸媽去遠方。因為只要有一本書，或是掌上遊戲機，我就能全神貫注地投入其中，且感到無比快樂（雖然我記得還是會小小抱怨幾句，但相較於其他小朋友，我大概真的算是個小天使吧）。

我一向是個先觀察，後行動的人。這種性格雖然有時顯得溫吞，但往往能讓我避開尷尬、危機、混亂和衝動的處境，為我省下不少麻煩。

內向者具備的優勢

經過我的觀察，我發現**內向者其實具備許多優勢**，例如：善於觀察、洞察力強、善

內向人格特質表

擅於觀察	洞察力強	善於聆聽	享受獨處
專注做事	值得信賴	自我清晰	易因小事快樂
執行力強	善於延遲滿足	社交品質高	較能建立深刻而有意義的關係
做事細膩	思考縝密	喜歡深度對話	情緒自我覺察高
有創造力與想像力	做事有計畫與準備	有強烈的內在動機	具備同理心與理解力

於聆聽、享受獨處、專注做事、值得信賴、自我清晰、易因小事快樂、執行力強、善於延遲滿足、社交品質高，也較能建立深刻而有意義的關係。

當然，不是所有的內向者都具備上述的所有特質，因此，我想邀請你做兩件事。

一、依據「內向人格特質表」，替自己做特質的盤點：

圈選出你認為自己所擁有的特質，並寫下這些特質為你帶來的幫助與影響。

如果能有具體的經驗、故事或例子支持，會更棒。

例如：「我向來都是善於觀察的人。有一次在聚會時，我發現同事臉色不好，一問之下，才知道她生理期來了。我馬上借她衛生棉，她很驚訝。我是唯一發現她不舒服的人，她很感謝我。」

二、請信任的朋友幫你做盤點：

找一些讓你感到相處自在、互動舒服的人，可以是家人、朋友、同事或另一半，但一定要是你熟悉且信任的人。

具體的做法很簡單，將「內向人格特質表」拿給對方，請他們圈選出他們認為你身上所擁有的特質，並說明原因，最好還能舉出具體經驗、故事或例子來支持他們的觀察。

邀請對方時，以下有三個重點，可以幫助你更順利。

1 邀請時要簡單、直接：

請先讓對方知道他們可以拒絕你，這樣他們才會感到自在。

你可以這樣說：「我最近看了一本關於內向者的書，裡面有一個練習，就是詢問身邊的人對自己的看法。因為我很信任你，也覺得跟你相處很自在，所以想聽聽你的想法。如果你有空，我們可以花十至十五分鐘聊聊，請你給我一些回饋。不方便的話，也沒有關係，請不用有壓力。」

2面對他人的描述，如果你感到不確定或懷疑，先不要否定或逼自己接受：

如果對方說：「你是一個做事細膩，值得信賴的人。」或許你腦海裡馬上浮現出來的OS是：「才沒有呢，我覺得自己總是優柔寡斷。」

這時候，你不需要全盤否定，輕易地認定對方只是「人好」，才會肯定與稱讚自己，也不用急著逼自己接受，只要把這些回饋「放在一旁，先觀察」就好。

3當別人的回饋觸動了你，請好好收下這一份正向的能量：

雖然這可能不是你的全部面貌，你也一定有缺點，但在**我們不習慣自我肯定的台灣文化中，刻意練習收下肯定，是非常重要的。**

羅丹說：「這個世界不是缺少美，而是缺少發現美的眼睛。」內向者身上有許多精采的特質，但問題是，**你有那雙發現自己優點的眼睛嗎？**

七、內向與文化：過度曝光世代的衝擊與影響

最後，我想討論文化對內向的影響。

東、西方文化的差別

據說，在北歐的芬蘭，大家戲稱是社恐人的天堂。芬蘭人的平均排隊距離達一點九公

尺，這是芬蘭社會覺得舒適的人際距離。

反之，美國文化追求積極、外向、展現自己與個人成就，因此愈懂得表現、曝光自己，就愈吃香。

而在台灣這樣的華人文化裡，對於內向者而言，有好，也有壞。

整體而言，台灣人重視謙虛的文化，因此稍微低調一點，大家會覺得你曖曖內含光。而低調、有實力的人，更符合我們的文化價值觀，也更容易被認可。

但另一方面，社會強調不斷地努力與衝刺，才會有好成績、好表現，所以**內向者若想滿足自我照顧、休息的需求，通常會感到強烈的羞愧**，甚至被視為自私、不合群、不配合、孤僻。

這也造成前文提到的A.F.R.A.I.D.內耗惡性循環中，要隱藏、偽裝，把自己真正的需求縮小、忽略、藏起來，以求安全，但卻更為內耗與辛苦。

社群媒體帶來的過度刺激

陳品皓心理師所書寫的《過曝世代》，我認為這個書名很傳神，它描述我們在環境中接受大量的刺激，多巴胺被反覆榨乾而產生的疲憊感。

內向者本來就對於刺激比較敏感，且容易被影響，所以社群媒體很容易就會引發內向者的焦慮，讓他們的心情與狀態隨之起舞。

社群媒體在本質上就是一個「想像的投射場」，用白話文來說，就是大家把自己匱乏的、期待的、焦慮的、理想的、競爭的內在情緒，都投射到這個網路空間裡。

看著IG、FB、抖音、YT、Threads等自媒體當道，當人人都可以是網紅、KOL，好像光鮮亮麗是常態，成名與被看見也似乎成了這個社會中唯一的生存之道。短影音在三十秒內，就能讓你能學到新知、煮完一道菜、去完一個國家旅遊、成功改變自己為一個自律的人、人人都能賺到幾個億，但這些其實都是幻覺。

讓內向者感到自己不如人

當然，反過來說，現在的時代，也才有機會讓內向者看著已經組織與編排好的文稿，透過後製與剪輯，完整論述與表達自己的想法。另外，也才能讓內向者選擇在家遠端工作，而不必頻繁接觸「真人」，甚至許多新興的工作型態，例如Uber司機，也不需要與人有大量的互動，這些，都為內向者開創了不同的表達自我的機會與新的生存空間。

只是，過曝世代中的大量刺激與比較，也容易讓內向者感到自己不如人，覺得自己無法達到那些外顯、積極的表現。他們跟不上別人耀眼的成就，因而備感焦慮。

這對於容易受外界影響，引發焦慮的內向者而言，需要特別謹慎小心地管理這些刺激與能量。

接下來，是令人期待的改變篇。

第二篇

改變篇：高功能內向者——E.N.R.I.C.H.六力蛻變圈

八、我是否要改變自己？改變雙軌制：接納與拓展

「我一定要改變嗎？我能不能維持這樣就好？」

「我要一直這樣下去嗎？這樣，真的沒關係嗎？」

「我想改變，可是好難……」

關於改變，在我諮商的經驗中，我發現可以分成幾種人。

有一些人只想維持現狀，因為害怕改變，但他們反而開始停滯不前，變得僵化。

另外，有一些人恰恰相反，他們渴望完全改變自己，因而不斷扮演著理想中的形象，但卻無意中否定了自己原本的樣子——其實過度用力地想改變，是因為太害怕自己停滯不前，但硬撐出來的樣子，反而更加內耗。

還有許多人已經嘗試了各種改變的方法，但都覺得「沒有效果」。他們一邊嘗試，一邊受傷、感到挫敗，但這有可能是沒有找對方法。

當然，也有些人改變的動機充足，只是缺乏一些改變的技巧。

To change or not to change. That is a question.（改變或是不改變，是個問題！）

你真的想改變嗎？請對自己百分之百的誠實

首先，我認為**「改變」其實是困難的**。因為那代表你要拋棄過去你所相信、所用的一些方法，然後用一種不同的活法，做出不一樣的選擇。

因此，我認為改變是非常需要勇氣的，而是否願意且能夠改變，你需要先對自己百分之百的誠實。

讓我舉一個有趣的例子。

我爸爸年輕時有菸癮。小時候的我常常希望他戒菸，但他總是打趣地說：「戒菸有什麼難的？我每天都在戒。」

我爸爸雖然有戒菸的意圖，但卻沒有實際的行為改變，所以他真的「隨時可以戒菸」嗎？顯然不是。

他只是用「我隨時可以，但我沒有」這樣自欺欺人的說法，包裝自己的不願意改變。

因此，對於那些說「我這樣子也沒關係」的人而言，他們不妨認真地面對自己的內心，問自己：「我是真的接納自己現在的狀態與樣貌，還是其實我在自欺欺人？我並沒有真的下定決心，要跨出舒適圈，拓展自己的能力、改變自己？」

而對於那些常說「我要改，隨時都可以改」，但其實一直用這樣的藉口來逃避的人來說，他們反而更需要多堅持一點，努力去突破自己的舒適圈，證明自己其實真的可以有一些不同。

過度用力地改變自己，是因為對自己的不接納

反之，前文提過的許多的內向者，他們可能會很想用力地讓自己變得不同，例如：變得外向、變得交友廣闊，或盡可能表演出某一種自己理想的樣貌，甚至用不斷批評自己、否定自己的方法逼迫自己，但卻往往讓自己疲倦不堪。

過度用力地改變自己，可能是因為對自己的不接納。

我認為**所有的改變，都應該建立在「自我接納」之上**。

- ★ **我可以試著讓自己變得多跟人有一點互動，但不代表那個喜歡安靜的我，是錯的。**
- ★ **我可以試著讓自己多接觸一些不同的經驗，但不代表那個喜歡穩定與平靜的自己，是懦弱的。**
- ★ **我可以試著讓自己做決定時，可以更果決、快速一點，但不代表深思熟慮，看起來好像過度謹慎的自己，是不好的。**

也因此，我想告訴大家：

★ **你可以努力讓自己變得不一樣，但不代表原本的自己是不好的。**

★ **因為你現在的樣貌，也是你經歷了好多事，付出了好多的努力，嘗了好多的苦，才長出來的那個自己——也是時至今日，最好的你了。**

所有的生存策略，都是有功能的

在我的觀點裡，所有的因應方式與生存策略都是有功能的。不論是維持現狀，或努力、積極地改變、逃避，都是一種選擇，也是一種生存策略，它們都在特定的情況下，發揮過用處。

如同《月薪嬌妻》的：「逃避雖然可恥，但有用」，這句話點出「逃避」也有其好處。而對於「已經很努力、很努力」的人來說，或許**這句話反而是很重要的寬容**。

改變雙軌制——對性格「自我接納」＋對能力「增加彈性」

所以回到「改變」，我們到底要改變什麼？

還記得前文強調過許多次：「性格」與「能力」是兩個不同的維度。

因此，在「高功能內向者」這個主題上，我們需要努力的方向，是「雙軌並行制」，也就是**對性格「自我接納」**，以及**對能力「增加彈性」**。

一、對性格「自我接納」

有人把內向者比喻成貓，外向者比喻成狗。

內向者像貓的地方在於，貓咪可以獨自待著十六小時，但偶爾在牠們有親密需求時，牠們會去主人身邊蹭蹭。等蹭完了，滿足了，貓咪又回去過自己的生活。

既然內向者與外向者是像貓與狗這樣的差別，那麼，你就不可能期待一隻波斯貓會像家裡養的黃金獵犬那樣，一看到你回家，就撲向你。

內向者與外向者，也是如此。

如果你是一個內向者，你的能量傾向就是向內的。你天生就需要更多的空間與休息。你會接收到較多的刺激，你處理訊息的方式，也較為複雜且緩慢。這就是你與生俱來的樣貌與需求，沒有絕對的好壞、對錯。

二、對能力「增加彈性」

但，反過來講，能力是可以練習的。

這個能力包含兩個面向。

1 對外在／適應社會的能力：

讓我們能更有成就、更得體地回應他人的期待。

2 對內在／自省的能力：

讓我們懂得劃清界線、照顧自己、保護自己、安頓自己。這些都能讓內向的自己感到更舒適、更安全。

因此，**我們不需要讓內向的自己變得外向**，但也不該讓自己停留在現狀，感到無能為力。

我們可以透過練習不同的能力，讓內向者在面對挑戰時，有更多的選擇與彈性。那麼，「內向」就不會成為我們追求目標時的絆腳石，反而能實現榮格心理學所說的「個體化」過程，活出完整的自己。

你想成為什麼樣的人？

有人曾打趣地說，警衛和存在主義哲學家都有一個共通點：他們終其一生都在問三個問題：「你是誰？你從哪裡來？你要去哪裡？」

我認為在心理諮商的改變歷程中，這也是我想幫助大家思考的方向。

在內向這個面向上，我想幫你探索：**你是誰（你是個什麼樣的內向者）？你從哪裡來（過去的經驗如何影響你）？你要去哪裡（你想成為什麼樣的人）？**

第一章的「分析篇」，回答了關於內向者的「你是誰」、「你從哪裡來」這兩個問題，第二章的「改變篇」則是幫助你實踐「你要去哪裡」。

關於具體的觀念、技巧和方法，我會在接下來的章節詳細說明。但在這個章節中，我只想幫助你重新審視自己的動機與初衷。

無論你是準備好要改變，還是因為長期的辛苦，而想對自己更溫柔一些，我都支持你的選擇。

關鍵在於：你是否認真思考過，並且掌握了人生中改變的「主導權」，努力成為或接納你想要成為的那個人。

九、改變的動機：找尋你生命中的「養樂多」

再分享一個我印象深刻的故事。

小時候，我跟大多數的孩子一樣，喜歡喝甜甜的飲料。其中我最愛的就是養樂多。但對五歲又內向的我來說，要跟一個陌生人（便利商店的店員）說話，簡直是世界上最困難的事。

我常常拿著一瓶養樂多，站在結帳櫃檯旁邊躊躇許久，動彈不得。

幸運的是，當時我身邊的照顧者（現在已經記不清是誰了，或許是媽媽？）告訴我：「我陪你結帳。你只要把養樂多給那個姐姐，跟她說『我要結帳』就好。」

雖然我已經不記得自己當時有沒有真的開口說話，但我確實把養樂多放在櫃檯上，最後順利結完帳。我得到了心心念念的養樂多。

對於現在三十五歲的我，買養樂多當然不再是一件困難的事。

那麼，從五歲到三十五歲的這一段時間，我產生了什麼改變？

我經歷了無數次的練習，無數次的開口，也累積了無數次的成功經驗，讓我明白買養樂多其實不難。回頭看五歲的自己，我知道現在的我比當時「強」多了，所以買養樂多已經變得輕而易舉。

但我想強調的是，為什麼當時的我願意做這麼讓自己害怕的事？那是因為，我真的非常、非常想要養樂多。

一直待在舒適圈，能力會退化

如果把這個故事當作寓言，讓我們來思考，這個故事裡有哪些重要的元素。

內向是我的特質、店員是挑戰、養樂多是我的目標，也是我極度渴望的東西。

尼采曾說：「一個人知道自己為什麼而活，就可以忍受任何一種生活。」我對於這句話的解讀是：當你清楚自己為什麼而努力，明白這一件事情對你的意義時，你就會有動力去面對挑戰，承擔一定程度的困難。

沒有目標時，那些阻礙是「困難」，擋在你的面前；有了目標後，這些阻礙就變成了「挑戰」，變成只是在達到目標的過程中，終將會度過的風景。

假設換一個情況，如果當時沒有人鼓勵我嘗試，我也沒有給自己挑戰的機會去買那一瓶養樂多，或許當下我會覺得很「舒服」，因為不用冒險。

但一直待在舒適圈，並不見得真的舒服，因為你的能力會退化。

就像很多人不想上班，想整天躺在床上，但當你真的每天在床上躺十六個小時，你並不會真的感到舒適。因為你看不到自己的成長，你也永遠沒辦法自己買到養樂多。

因此，我**鼓勵你用「投資」的角度看待自己**，找到適合你的目標與動機。

所以在這一個章節的最後，我想問你：

★ **你生命中的「養樂多」是什麼？**

★ **你願意為了你生命中的「養樂多」，付出多大的努力？**

十、接納力：擁抱你的內向天性，E（Embrace your nature）

前面兩個章節屬於內功、心法，接下來，我要介紹六個具體步驟，分別對應六個內在力量，我將其歸納為「E.N.R.I.C.H.」這個英文單字，剛好也是「豐富」的縮寫。

希望這些針對內向者的改變步驟，能夠讓你的生命更豐富。

高功能內向者改變的六種力量

這六種力量，有先後順序之分，簡介如下：

一、擁抱你的內向天性：

自我接納可以幫助你不會把力氣都花在內耗上。

二、設立心理安全堡壘：

保護自己不被他人的眼光、期待或要求，所侵入與打擾。**當你覺得安全，你才會有勇氣冒險。**

三、找到你的專屬充電站：

當你被激發起一些有壓力的情緒，你需要懂得如何自我調節。當你累了，你懂得照顧自己，幫自己補充能量，你也會感覺到自己是有力量的。

四、整合你的內向特質：

肯定並善用自己原有的內在特質，以順勢而為的方式，達到你的目的，而**不需要將自己扭轉成另外一個人**。

五、挑戰你的舒適圈：

在自己可以接受的前提之下，做一些自己感到陌生、不擅長的事，這些事通常是你的弱項。當你把某些特定能力培養起來時，你反而可以過得更自由與自在。

六、肯定自己的成長：

當你成長以及有所改變時，**請好好品嘗這份成功的果實**，也請為身為內向者的自己感到驕傲。

千里始於足下：接納，從此刻開始

在這一個章節，先來分享第一步：「擁抱你的內向天性」（E：Embrace your nature），

字母	對應詞語	中文詮釋	心對應內在力量
E	Embrace your nature	擁抱你的內向天性	接納力
N	Name your sanctuary	設立心理安全堡壘	保護力
R	Your way to recharge	找到你的專屬充電站	恢復力
I	Integrate your traits	整合你的內向特質	整合力
C	Challenge your limits	挑戰自己的舒適圈	行動力
H	Honor your growth	肯定自己的成長	自信力

也就是「自我接納」。

接觸過心理學與心理諮商的人，大概都聽過「自我接納」這一個詞彙。或許有些人會覺得這一個詞彙有點像心靈雞湯，太過軟性、虛無飄渺。但我認為，**「自我接納」是所有改變的第一步**。

正所謂千里始於足下，想走到千里之外，就必須先踏出第一步。

但在邁出第一步之前，我們需要先看到「第零步」——也就是你現在所站立的位置。

無論你是遇到重重的困難與挫

十、接納力：擁抱你的內向天性，E（Embrace your nature）

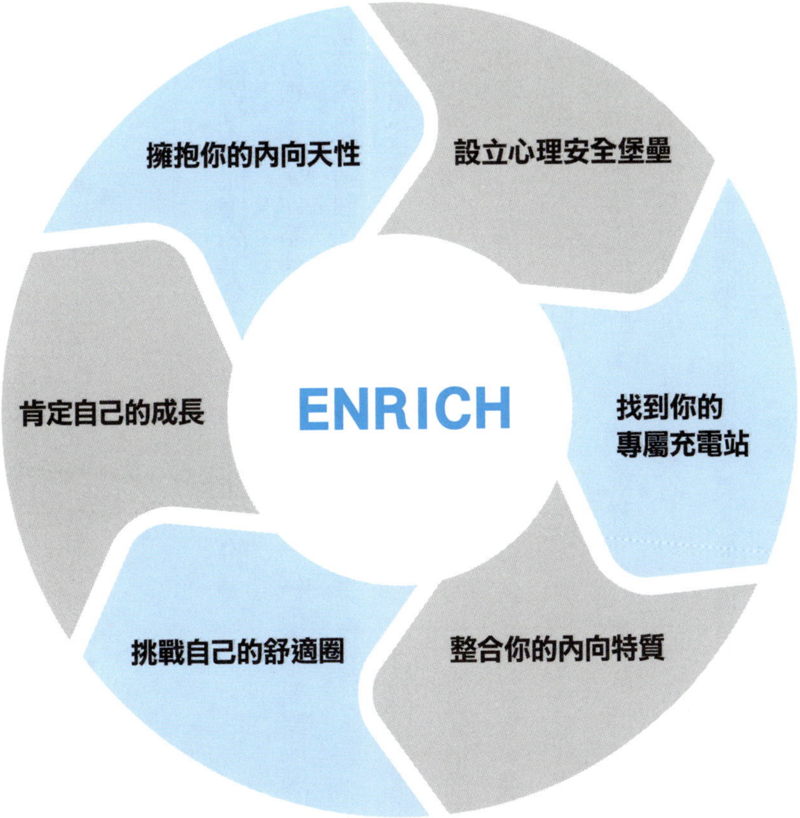

折，甚至已經是接近社交障礙、社交恐懼，還是生活大致順遂，只是有時太為他人而活，容易忽略自己，這都沒關係。重要的是，從現階段開始。

這就是為什麼在第一篇的分析篇中，我花了超過半本書的篇幅，幫助你理解什麼是「高功能內向者」，並談論其特質、區辨、內耗的惡性循環與優勢。這些都是為了幫助你認識自己，並且讓你相信：「**你的這些反應都是正常，且合理的。**」

一個身心健康的人，是有「彈性」的

有很多個案在諮商的過程中都會問我：「我是不是要變成某一種樣子比較好？我是不是該改掉某一個壞習慣？如果我更怎麼樣，會不會更好？」

我常常這樣回應個案：「你有很棒的改變動機，這是很好的開始。至於那些你想改變的部分，那些你現在不太喜歡的特質與習慣，例如逃避、自我批評等，其實，它們在某一些情境之下，也是有用處的。例如用逃避，以減少負面刺激，保護自己，或用自我批評提醒自己不要再犯。所以我們不是要把它們丟掉，而是要思考還有什麼其他的可能性。」

如果個案繼續追問：「那麼，我要怎樣才算『畢業』呢？」

我會用一種有回答又沒有直接回答的方式說：「其實，我認為沒有所謂的完美的人。在我看來，**一個健康的人不是追求完美，而是擁有彈性、保有各種可能性**。如果，你總是認為自己『一定』要怎樣、『絕對』要怎樣，反而會讓自己變得太過僵化。

「因此，你問：『什麼時候可以畢業？』我認為，當你可以用不同的樣貌，回應不同的情境與挑戰，且覺得你現在的生活，過得比過去更好，且足夠滿意時，或許就是可以畢業的時間點了。」

如果你很容易對自己不斷地挑剔與不滿，請翻閱「八、我是否要改變自己？改變雙軌制：接納與拓展」提到的一段話：

★你可以努力讓自己變得不一樣，但不代表原本的自己是不好的。

★因為你現在的樣貌，也是你經歷了好多事，付出了好多的努力，嘗了好多的苦，才長出來的那個自己——也是時至今日，最好的你了。

停止羨慕外向者

我知道很多的內向者會羨慕外向者，或許是羨慕外向者侃侃而談的自信魅力，又或許是他們那一種容易被人看見、成為目光焦點的特質。

但當你開始羨慕，甚至嫉妒時，其實是因為你覺得「自己沒有」：**你把內心的匱乏和渴望投射到對方身上**。你希望成為另一種樣子，甚至想要拋開心中那個「不夠好的自己」。

但讓我們實際思考以下幾個問題：

★ **那些外向、熱鬧、愛引導話題的人，真的受所有人喜愛嗎？**

★ **如果要你過著與那些你羨慕的外向者一模一樣的生活，那真的是你要的嗎？**

★ **你是否在與同樣沉默、安靜、細膩、能量穩定的內向者相處時更自在？**

★ **生活中，有沒有其他可以作為你目標的內向者？**

★ **外向者是否也有他們的挑戰與課題（比如難以靜下心來獨處，或因不甘寂寞而難以專注）？**

或許，當你問完自己這些問題時，你的心中自然就有答案了。

特質「使用論」——把內向者的特質與能力，發揮到最大

如前所述，性格、特質是屬於難以改變的部分，我們需要以「接納」為核心來看待。但除了「接納」，我還想介紹「使用論」這一個觀點。

「使用論」是我非常喜歡的論點。它的意思是，不要把特質當成一個恆久不變、固定不動的特質（這是「特質論」），而是去想，我要怎麼「用」它。

舉例來說，我們若把內向性格當作一種工具，這個工具必定有其優點和限制，就像刀子與鎚子，就有各自的強項。

★我們無法改變內向性格需要補充能量的方式，但能決定自己如何安排時間，讓內向者的需求得到照顧。

★我們無法改變內向者對事情複雜、全面、緩慢思考的特質，可能也無法立即給對方回應，但能在溝通時，提供更完整的表達，讓對方感到安心。

★我們無法立即與眾多人建立廣泛關係，但可以「各個擊破」，逐一建立深刻、有意義的連結；積少成多，一樣能擁有豐富的友誼。

所以，你不需要變成外向的人，而是安心地成為一個內向的人，但把內向者的特質與能力，發揮到最大。

用不同的路徑與方法，走到你想要的目的與終點。

如此一來，你就不會把重點放在無法改變的特質，而是把重心放在「我該如何善用自己的特質，順勢而為地做出適合自己的選擇」。

內向不是問題，僵化才是。當你可以選擇，你就是自由的。

停止內耗

在這一個章節的最後，我想回應一個常見的疑問：「單單靠接納，真的有用嗎？這樣對自己會不會太寬容？會不會是自欺欺人？」

我必須誠實地說：「不會。要讓生活和人際關係有所改變，確實需要具體的行動。但『自我接納』最重要的好處是減少『內耗』。」

根據我的觀察，**大多數人之所以會原地踏步，並非因為不夠努力或目標不明確，而是**

因為腦中有太多自我批評和責備的聲音。

這些聲音不斷責難自己，導致你的力氣都耗費在與自己的對抗上。

你的苦，其實是因為你花了大多數的力氣，想著如何隱藏原本內向的自己，學習與模仿那個與自己相差甚遠的他人。

如果你發現自己已經付出很多努力，卻沒有成效，那麼，不妨思考以下兩個問題：

一、你努力的方向正確嗎？

二、你是否在內耗？

希望這一個篇章能成為你改變的重要基石。

請記得，接納的起點是自我認識與了解。當你真正地認識了自己，認識你的現在、認識你的過去，認識你是怎麼變成現在這個樣子時，你才能打從心底接納自己，甚至喜歡自己。

一個人的改變，不需要用「討厭自己」當作動力，而可以用「想讓自己變得更好、更自由、活成自己更想要的樣子」為動力。

你覺得哪一個動力，會帶給你更多的力量，讓你更願意去改變呢？

十一、保護力：設立心理安全堡壘，N（Name your sanctuary）

在「自我接納」之後，下一步就要尋找屬於你的安全堡壘，也就是「建立界線」。

建立專屬於你自己的海關

有出過國的人都很清楚，在出境與入境時，需要通過海關。你的身分需要受檢查，你也必須符合你所前往的那個國家的規則，例如是否需要簽證，是否有某一些違禁品不能攜帶等。每一個國家的規定不盡相同，但最重要的是，關於這個國家的規定，「他說了算」。

同樣地，當你去朋友家拜訪時，如果是第一次拜訪，一般也還是會察言觀色，詢問一下這個家的狀況。例如垃圾是否需要分類？哪些房門能打開？如果是男生小便上廁所，有沒有需要站著或坐著？外面來的包包是否需要放在某個特定的位置？這些也是對於這個空間的尊重。

在國家與國家之間的互動是如此，去朋友家拜訪也是如此，我們必須尊重這個國家、這個家的規則，而我認為人與人之間的相處，也需要互相尊重。

如果你有一些需求或在意的事，你可以清楚、明白地表達出來，好讓別人學會怎麼尊重你。

同樣地，你也會接受到許多來自於外在環境的訊息，你需要練習有意識地管理這些資訊，例如別人對你的評價、看法，你必須決定，哪些是你能接受的，哪些是你需要拒絕的。

以下想分享，關於一個人怎麼建立起屬於自己的海關、自己的安全堡壘、自己的界線。有了這些，你才有辦法保護自己，讓自己不會受傷、疲倦不堪。

第一層保護：管理外在環境的刺激

現代人在日常生活會接觸到的刺激，無論是環境刺激，或是科技產品與社群媒體的刺激，其實都非常大量。

不知道你有沒有過這樣的經驗，明明一整天都沒有做什麼特別困難或複雜的事，僅僅只是滑滑手機，卻覺得整天都渾渾噩噩，腦袋不清楚，身體也很疲倦？其實**滑手機所接收到的聲光刺激、資訊，是極為大量且容易讓人過載的**。

更不用提，當許多的網紅在短影音上，無論是搞笑的、知識性的、成功案例的分享、最新的旅遊地點、最好吃的火鍋店、最炫的衣服與鞋子，這都會對你帶來相當程度的焦慮。

如果你發現自己深受這些外在的資訊所影響，那麼，適時地關掉這些資訊，就是對你自己的第一層保護。

第二層保護：篩選他人對自己的評價

第二層的保護，是指篩選別人對自己的評價、眼光與價值觀。若不篩選，它們可能就在無形之中，滲透到你的內在裡。

前文曾經提過我自己的例子。當四歲的我，一個人穿著泳褲，無助地站在泳池畔，聽到「男生要勇敢一點」，這對於當時很害怕的我，形成莫大的壓力。

如果我讓現在長大的自己，再回到當時的情境中，或許我就可以**用溫柔的力量保護我自己**，例如，我可以多給自己一些時間，或先用浴巾包住我自己，又或就先泡在水裡玩耍一下，而不是急著逼自己先勇敢起來。

再舉一個例子，我最近想銷售一些課程，所以苦思行銷這件事該怎麼進行。我上了許多的課程，大多數的人會說，如果你想販賣你的產品，就需要拍短影音，甚至需要拍一些搏眼球的影片。或許這是個有效的方法，但難道這是最好或唯一的辦法嗎？我可以努力嘗試與學習，但我有沒有可能用其他的方法呢？我相信是有的。

我很欣賞「閱讀前哨站」的瓦基，他飽讀詩書，溫柔且堅定地做著他感到自在的事——寫讀後心得、說書、採訪其他創作者，他默默地在發光，也取得非常好的成績。他用自己的方法，走出自己的路。

第三層保護：不要凡事說yes，如何拒絕、保護自己？

第三層的保護，則指在關係中，當其他人對你有所期待與要求，你如何回應與拒絕。

內向者的注意力就像雷射光，專注且聚焦。如果事情太多，會分散內向者的能量和注意力。因此**拒絕雜訊**、**拒絕過多的要求**，**專注在你重視的事情上**，**反而能夠讓你的表現更好**，也不會讓你筋疲力竭。

然而，由於內向者比較容易感受到他人的情緒，所以他們常常會擔心，如果拒絕對方，會不會讓對方感到不舒服。因此，他們習慣凡事答應，這也就在不知不覺中勉強了自己。

這一個道理，大家都懂，也都知道應該要劃清界線，應該要say no，只是不知為什麼，當工作被指派、當朋友來邀約，明明自己很想say no，但一開口，卻say yes。

以下分享一些關於拒絕的技巧。

1先說：「讓我考慮一下」，再誠實地做出決定

我建議，如果你不能直接say no，那麼，至少在say yes之前，可以先回應對方：「我考慮一下」，也就是用《孫子兵法》的「緩兵之計」，拖延一下時間。

當然，緩兵之後，也還是要出兵的。你不能把「考慮一下」當成拒絕，更不要累積很多沒有回覆的約，這些都會占掉你的注意力，成為你內心的負擔。

不過，內向者的優勢是，他們的思考通常都比較完整與縝密，因此當拉出一些空間與時間，就往往能在之後用一個委婉、有禮貌、社會化思考過後的答案作為回覆。

2加上「因為……」這兩個字，讓你提高拒絕的成功率

另外，你還可以加上「因為……」作為結尾，以提高你說服對方的成功率。

一九七八年，哈佛大學的心理學家做了一個實驗。實驗者來到影印機前面，在準備要列印東西的人面前，詢問是否能讓自己先列印。共有三種說法，答應的比例都不同。

- 「我想要印東西，可以讓我先印嗎？」（沒有附上理由）↓有百分之六十的人答應。
- 「我想要印東西，可以讓我先印嗎？因為我在趕時間。」（合理的理由）↓有百分之九十四的人答應。
- 「我想要印東西，可以讓我先印嗎？因為我要印東西。」（聽起來像廢話）↓也有百分之九十三的人答應。

所以加上「因為」，即使後面的理由是一個很無聊的理由，也能大大提升別人接受你意見的機率，當然也有助於你表達拒絕。

3 拒絕之後，再加上簡單的說明，以及能解決事情的替代方案

如果你仍然有維繫彼此關係的意願，就可以附上其他的解決替代方案，釋出善意。例如：

「謝謝你的邀約，我真的很想參與，但因為我今天真的很累，很需要休息，所以下次如果還有類似的邀約，還是希望可以找我唷！」（**只是因為自己累了，但不是不願意繼續來往。**）

「謝謝你的信任與青睞，我真的很想答應這場演講，但因為最近時間真的太滿了，再次謝謝你的邀請。」（**沒有特別想答應這一場演講，但仍清楚說明緣由。**）

「我出國的這段時間，需要交接的部分，我大多都已交接好。因為想要好好休息，所以麻煩請以E-mail聯繫為主，我會在我有空的時候看。但如果真的有非常緊急的急事，還是可以打電話給我。」（**清楚表達自己的需求與期待，也講明自己的彈性。**）

找出自己的「界線」與「底線」

之前在學習「完形治療」時，有一個讓我印象非常深刻的實驗。實驗是這樣的：

十一、保護力：設立心理安全堡壘 ，N（Name your sanctuary）

一、體驗目的：

找出體驗者A的身體的「界線」與「底線」（註）。

二、參與對象：

A是體驗者，B是協助者。

三、體驗流程：

1體驗者A可以給予身為協助者的B三個指令：往前、停止、後退。在這個體驗的過程裡，全程不說話，只用手勢指引協助者。

尋找「身體界線」的體驗遊戲

協助者（B）以自然的狀態，配合體驗者A，移動腳步。

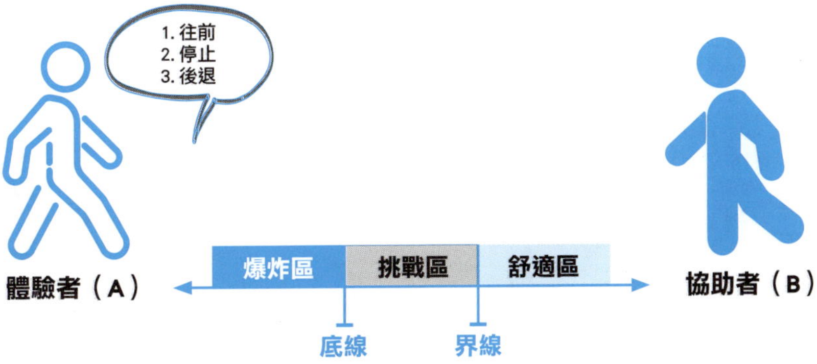

叮嚀：每個人覺得舒適、挑戰、爆炸的感受度完全不同，請以個人的主觀感受為依據。

2而身為協助者的B，只需要依照指令動作，往前一步、停止或往後一步。

3體驗者A在過程中，則需要「感受」在B移動的時候，自己是舒服、沒有感覺，或有壓力、非常不自在，以找到自己的「界線」與「底線」。

界線與底線的差別是什麼？

界線是，再往前一步，我就會開始感覺到有一點點的介意、不舒服、覺得有壓力的那條線。

底線是，再往前一步，我就會再也「受不了」的那條線。

因此可以透過界線與底線兩個切分點，創造出三個區域：舒適區、挑戰區、爆炸區。

雖然上述的實驗，是偏向感受「身體的界線」，但心理的界線，也可以如此看待。

不過有很多人，並沒有這兩條線的分別，因為他們太習慣壓抑、忍耐，遇到一些不舒服的事情時，一直說「沒關係、沒關係」，但是在沒關係的下一刻，若發生了某些事情，恰恰好超過了「底線」，最後就會「爆炸了」。身邊的人都覺得莫名其妙，你自己

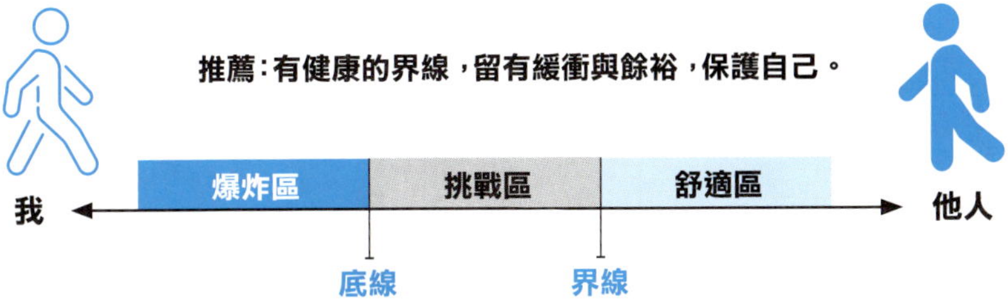
推薦：有健康的界線，留有緩衝與餘裕，保護自己。
我
他人
爆炸區
挑戰區
舒適區
底線
界線

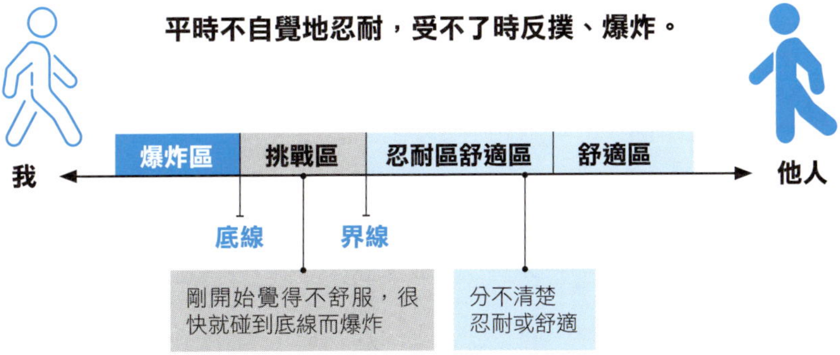
平時不自覺地忍耐，受不了時反撲、爆炸。
我
他人
爆炸區
挑戰區
忍耐區舒適區
舒適區
底線
界線
剛開始覺得不舒服，很快就碰到底線而爆炸
分不清楚忍耐或舒適

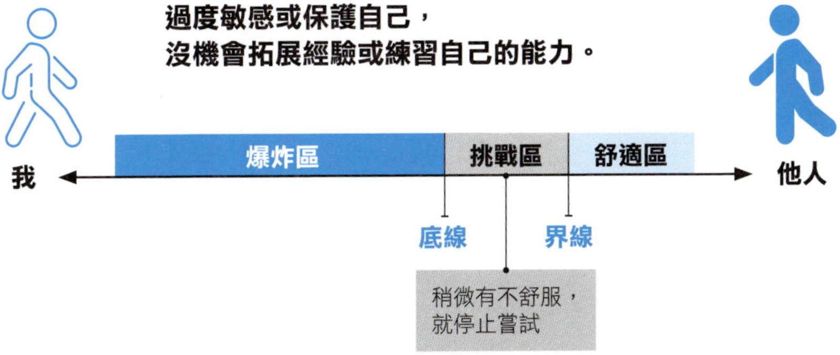
過度敏感或保護自己，
沒機會拓展經驗或練習自己的能力。
我
他人
爆炸區
挑戰區
舒適區
底線
界線
稍微有不舒服，就停止嘗試

也很懊悔。

為什麼會這樣子呢？因為**很多人錯把底線當界線**，認為只要自己「還能接受」，就「繼續忍耐」。

如果你有「界線」與「底線」的意識與分別，你就有機會可以**在有一點點壓力與不舒服的時候，就先有意識地慢慢踩煞車**。

例如下班時，同事揪說要小聚一下。你知道你雖然還有力氣可以參加聚會，但可能待不了太久，那麼，你就可以跟同事說：「不好意思，我預計待到晚上九點。我會提前先離開。」

在「挑戰區」，拓展你的經驗與能力

但為什麼我也不鼓勵一個人只要遇到「界線」，就馬上拒絕與反彈。因為，人還是有一定程度的彈性。

在那個有一點點不舒服，但又可以接受的「挑戰區」，如果你有意識地讓自己做一些嘗試與練習，也就是在「十四、行動力：挑戰自己的舒適圈」會提到，怎麼表達自己、怎麼拒絕對方、怎麼融入群體、怎麼建立一種深刻有意義的關係、怎麼把人際能力運用在互動中、怎麼整合真我與假我，這些都可以在「挑戰區」練習，也會增進你不少的能力。

	盡量避免	若是想挑戰的事	感受舒服
	在發生前就 先有意識地預防。	可讓自己體驗看看，有助於拓展體驗，讓接受度與能力增加。	可多經驗，以補充能量。但「只」停留在這區，也可能有逃避、僵化的風險。
	底線		界線
	爆炸區	**挑戰區**	**舒適區**
身體界線	陌生人 未經同意碰觸	醫生觸診、 朋友搭肩	有禮貌的社交握手
工作界線	上班不給加班費	加班20小時， 但有所學習	不強迫加班
人際界線	一個人參加 全是陌生人的派對	在朋友陪伴下 參加聚會	在家休息
人際界線2	參加聚會超過12點	參加聚會， 但可提早走	拒絕參加任何聚會

當你安全，你才能勇敢

最後，我想分享，許多內向者會擔心：「會不會我這樣太過敏感？太過難相處？太過懦弱？」

當你認為自己不敢冒險、不敢跨出舒適圈，是因為自己不夠勇敢，這就很容易讓你給自己更大的壓力，想要督促著自己改變。

但實際上，不敢冒險的人，更多時候，是因為感到「不夠安全」。

他們可能會有以下幾種想法：

★**「我不相信累了時，我可以休息。我認為只有滿足別人的期待，我才會被喜歡。」**

★**「我不相信跨出舒適圈冒險，我能獲得成功與好結果，讓自己更好。」**

★**「我不相信我能為自己的感受和需求發聲，為自己而活，同時依然能得到他人的喜愛與接納。」**

當你覺得不夠安全，你就沒辦法做自己，更**沒辦法體驗到，原來做自己真正的樣子，還是會被別人喜歡**。

當你覺得不夠安全，你也不敢冒險、挑戰，去做一些你不熟悉、不擅長的事情。因為你會怕，如果冒險、挑戰，卻失敗了，那麼，會不會你手中緊抓著的那細絲般的安全感，也會同時不見了？

相反地，那些願意挑戰、冒險的人往往相信：「我背後有後盾。我受傷時，會有人支持我，所以哪怕失敗了，也沒有關係」，這樣的信念，讓他們相信冒險是值得的，他們也會更願意去成長、突破自己。

這不僅僅是關乎「勇氣」，而是許多的正向經驗所累積而成的信心。

當你開始保護自己，你覺得安全了，你才會開始勇敢。

還有誰，比起你自己，更應該學習保護自己呢？

註：每個人都有屬於自己的身體的界線，例如有些人在開心、難過時，很容易與人有身體接觸，他們認為這是一種親密的展現。有些人則是只要被其他人觸摸、碰到就覺得不舒服。有些人講話時，習慣彼此大約有一步的距離，有些人則是需要離兩、三公尺才覺得自在。

這些都是屬於一個人身體／空間感的界線，沒有好壞、對錯，只是因人而異。當然每個人也會因為不同的情境、不同的關係，而有不同程度的界線，例如看醫生的時候，醫生會觸診，搭電梯的時候，與陌生人的身體會有點靠近，對於親密的人的碰觸，也通常會覺得比較自在。

十二、恢復力：找到你的專屬充電站，R（Your way to recharge）

「獨處」充電站

電動車特斯拉需要透過充電樁來充電，它不像傳統的汽油車，能在一分鐘內就加滿油，而是需要一段時間慢慢恢復能量。

內向者就像電動車一樣，需要「充電」。在這個充電樁不那麼普及的現代，我們需要額外花時間尋找充電站，並規劃休息時間。如同開長途旅行前要規劃加油充電的地方一樣，當你即將面對重大專案或挑戰時，請先為自己準備好充電計畫與休息。

也就是，你需要練習有意識地覺察自己的能量狀態。

如果你習慣忽略自己的感受，可以用一個簡單的「量尺分數評分法」：1分代表幾乎沒有，10分代表非常高。你問問自己：此時此刻的分數有幾分？（見一六七頁，目前表格裡的數字是舉例）。

我建議可以分成兩個數值：

- **內向電力值**：內向者可以透過休息、獨處、做自己喜歡的事情充電。因此，電力值愈高，代表愈能幫自己充電。電力值愈低，會讓自己比較容易耗能。

- **自我滿意度**：自我滿意度高，會讓自己的內心感覺充實、飽滿，或感覺自己有所成長、學習，更願意讓自己變得更好，通常是在人際關係中有些深刻且親密地互動，或是可以很投入在自己自在且感興趣的領域裡時。自我滿意度低，通常內心會覺得自己比較不真實、或是隱約知道自己在逃避，因此對自己感覺較差。

並且依照兩個數值的高低，再分成四種類型：

一、黃金充電站：

如果有一些事情，是你既能充電，又能讓自己感覺良好的，例如看書、學習，當然多做無妨，屬於「黃金充電站」。

二、刻意練習：

也有一些事情，是或許做了會有一點耗電，

活動	看書	與好朋友吃飯	滑手機	社交場合假裝外向
內向電力值	9	4	9	1
自我滿意度	9	8	3	3
分類	黃金充電站	刻意練習	安慰劑	內耗黑洞
說明	既可充電，又感覺到自己成長。	可經營有意義的人際關係，雖然累，但感覺充實。	雖然感覺紓壓，但隱約覺得自己是在逃避，仍感覺焦慮、對自己不滿。	安撫了短期的焦慮，但既耗能，又沒感覺到成長，更不喜歡自己。
建議	多多益善	雖然累，但可多做	適當就好	盡量避免

但是做完又是開心的。對我而言，可能是跟朋友出去吃飯、聊天、玩密室逃脫，或出國度假。

或是未來在練習「拓展能力」的時候，可以讓自己做一些不熟悉、不習慣，但你知道是對自己好的事情，這一類都是屬於「刻意練習」。

三、安慰劑：

同時間也有一些事情，是雖然能幫助內向的你充電，但是你對自我的滿意度卻是低的。例如在滑手機的過程中，將自己與社群媒體的人做比較，讓自己的心情很不好，這一類屬於「安慰劑」。

四、內耗黑洞

一般來說，是為了符合他人或社會的期待而做。但實際上做完之後，一來非常耗能，二來對自己的感覺非常

自我滿意度＼內向電力值	高	低
高	黃金充電站	刻意練習
低	安慰劑	內耗黑洞

差，因此只有緩解了短期的焦慮，但長期來說，卻像是黑洞一樣偷走你的快樂與能量。

這些都是幫助你認識和評估自己的有效方法。**唯有覺察自己的能量狀態，才能有意識地進行調整與管理**。這既能讓你有意識地分配你一天能量的使用，也可以在感覺自己快撐不住時，即時獨處與休息。

另外，值得一提的是，0—10分的分數，完全由每個人主觀判斷、決定。分數沒有標準答案，也有可能在不同的時空背景下會改變。

例如，一開始可能覺得出國是很耗能的事，好像只是花錢買一個逃避現實的「**安慰劑**」，但某次與朋友出國旅行的經驗很好，反而變成雖然有點累，但內心覺得充實的「**刻意練習**」。

也有可能分數在不同的對象與脈絡下，也會不同，例如都是與朋友吃飯，但與比較陌生的同事一起吃飯，或許屬於「**刻意練習**」，但與親密的閨密相處，則屬於電力掉很慢的「**黃金充電站**」。

也有可能在同一個情境脈絡底下，同時有你喜歡，但也有你討厭的，例如參加一個餐會，你必須戴上面具，與餐會上的生意夥伴社交，這屬於「**內耗黑洞**」的客套社交關係。

但在餐會上，你跟一個個性很合的夥伴聊起來，你覺得彼此非常投緣、一拍即合，你也得到很多的成長與學習，而這就讓自己的狀態變成「**刻意練習**」，也就是雖然聚會後很累，但內心充實。

因此，透過這些自我評分與分類，目的不是要歸類、貼標籤，反而是要幫助你對於自己的狀態更加敏銳，並做出適合自己的選擇與安排。

休息，讓你有罪惡感?!

休息可以分為身體的休息（體力）、腦袋的休息（腦力），以及心靈的休息（心力）。

身體的休息，是指你去跑步、運動，或是一整天醒著的時間超過十二個小時後，身體自然會產生的疲倦感，這時你去「睡覺」，是身體的休息。

腦袋的休息，是當你念了一整天的書，或有些人喜歡透過滑手機，轉移注意力，但其實你的腦袋反而會有種鈍鈍或轉不過來的感覺，這時你需要做的是「轉換任務」，例如從動腦的活動，改為去運動，做腦袋上的休息。

心靈的休息，指的是你最近遇到一些比較大的壓力，或在某些關係裡感覺比較消耗、困頓，這時你需要的是「一段滋養的關係」，或是「沉澱下來」，讓自己重新歸零、重新開始。

對很多人而言，休息是有罪惡感的。但你想想，如果你是一輛要日行千里的超級跑車，你不勤保養，哪一天零件鬆脫了，你整個人是會垮掉的。

所以如果你是對於休息有罪惡感的人，可以用「策略性休息」的角度來思考。也就是你的休息，是在你完成某些任務之前很重要的環節，所以**休息不是停止，而是調整**。

關係安全堡壘：分辨，並選擇適合自己的關係

下一步，我鼓勵你找到屬於自己的「安全堡壘」。

但為什麼把它放在第二點？因為對內向者而言，充電可以「自己來」，但**安全堡壘需要「進入關係」**。不過「進入關係」中的冒險，是非常有價值的。

再怎麼內向的人，都還是會有人際之間的需求。而且內向者就是很容易在自己的世界裡，因為內在思考太多，而無法回歸到人與人之間的互動，去校正內在的一些感覺，讓自己變得比較合乎現實。

許多時候，當你與別人互動之後，你才會發現，原本你內在的擔心與幻想，例如別人怎麼看待你、對你的做法是否肯定與支持，都會很大量且快速地影響你對自己的感覺與看法。因此，如果你能找到安全、合適、有滋養性的關係，保留在你自己身邊，是很重要的一件事。

人際關係是可以選擇的

我常常對個案說：「人際關係是可以選擇的。」

很多個案聽完都很驚訝：「人際關係可以選擇？」

有人害怕失去關係，覺得自己小心翼翼地維護都來不及了，哪會想到是「我來選朋友」，而不是「朋友剛好願意交我這個朋友」。也有人會覺得「選朋友」，好像顯得自己比較高高在上，很怕自己變得自以為是。

但這裡說的「選擇」，不是高高在上地挑選，而是選擇符合自己的需求、交往的目的，且能給予彼此價值的對象。這包含在工作、私領域的關係、親密關係、朋友等。

想想看，面試工作時，不也是你挑選公司，公司挑選你嗎？表面上看起來是公司給你薪水，但你同樣是給予公司時間與價值，不是嗎？你尋找交往對象時，不也是希望找到合得來、能一起走一輩子的伴侶或好朋友嗎？

當然，並不是所有的關係都需要二分法。關係可以有親疏遠近之分，也可以根據不同的情境和目的，在你的生活中扮演不同的角色，帶來不同的價值。

病友與藥材

在所有你相處的對象中，可以分成兩類人。

與你同質性高的是「**病友**」，你與他們相處起來，感覺舒服。他們也往往是你的支持來源，**讓你覺得安全**。

與你異質性高的是「**藥材**」，你與他們相處起來，感覺雖然不舒服，但良藥苦口，反而**讓你有機會拓展自己**。

或許你可以有意識地選擇。當你想多一點保護傘的時候，多去尋找、創造，並維持那些讓你覺得可以自在的人際關係。

但如果有些人不是你熟悉的樣貌，例如相較於內向的你，他熱情洋溢、外向果決，或許多待在這樣的人身邊，你可以感受到他身上豐沛的能量，也有機會耳濡目染地學習一些他身上某些你所欣賞的特質。

能接住你脆弱的朋友

回到「找到你的安全堡壘」這一點，請盤點你生命中至少三至五位能真正聽你講心事、接住你脆弱的親朋好友。

如果目前找不到這樣的人，也**請多找些「潛力股」**——就是那些平時互動不多，但你默默欣賞、喜歡他特質與氣質的人。你可以多跟他們說說話，找些共同話題，慢慢「培養」出關係。

有意識地讓對方成為「安全堡壘」裡的重要關係，這對於內向者來說，非常重要。

不過，有人會問：「那麼家人呢？我的家人常勸我要外向、積極、主動一點，甚至常常批評我、挑剔我，是我很大的壓力來源。家人有血緣關係，就不能選擇了吧？」

其實道理是相同的，不過我們在成年前，確實比較難以有選擇，因此有些孩子或青少年，採取「隔絕」的方式。他們先把自己保護起來，不斷強化內在的海關，練習「左耳進，右耳出」的能力，阻擋掉一些對自己有毒的能量，或許這也不是什麼壞事。

但是，**成年後的你，是有選擇能力的**，你可以決定回家的頻率、與家人的聊天話題，以及在與家人對話時，想要保持多近或多遠的心理距離。

在又愛又恨的關係中，篩選出自己不要的，留下自己想要的

我的爸爸很容易透過「給建議」，希望幫助我，也讓我知道他是關心我的。但許多時候，他給的建議可能不是最符合當下我的狀態與心情，畢竟他也沒受過心理學訓練，學

會如何傾聽他的孩子，所以我常常備感壓力，但又改變不了這個狀態。

有一次，我們搭飛機去一個海島國家，下午一點半，剛入住飯店沒多久，我心想可以好好放鬆一下，沒想到爸爸興致一來，開始分享他的諸多道理。

他告訴我應該怎麼當一個心理師、如何當一個有用的人、怎麼創造更好的事業與發展。爸爸這金口一開，是連續說話三個小時不停止。

我記得我在那當下，微笑地看著他、觀察他。一方面，我想保護自己，不受這樣大的焦慮與壓力打擾。另一方面，我傾聽，身為一個父親，為什麼他有那麼多想說的話。我想試著體會他的心情。

等到爸爸終於講完時，我微笑地對他說：「謝謝你跟我說了那麼多。我知道你很關心我，我有收到了。時間不早了，要去吃飯了嗎？」

那一次的經驗對我來說，**我看見了自己的成長與力量，我也為自己感到驕傲。**

創造有意義的連結的關係，而非廣撒型

我想提醒：內向者最擅長建立深刻、一對一、有意義的關係，這是非常珍貴的特質。我也常說，關係要「重質不重量」，但要如何創造與經營高品質的關係呢？從心理學的角度來看，最重要的是「**能安全地分享彼此脆弱**」的關係。

當我們在生活裡遭受挫折，而我們願意向身邊重要的人展現脆弱，那就像小貓、小狗向主人露出柔軟的肚子一樣，這是一種信任的展現，而對方的承接與支持，也會成為我們下一次面對外界挑戰時的力量。

但你可能會說：「我的生活中沒有那麼親密、信任的對象啊！」

這時，我想問一個有趣的問題：「是關係有了充分的信任，才能展現脆弱？還是在冒險展現脆弱，被對方接住後，才開始建立信任？」

從我的實務經驗來看，通常是後者。

建立深刻、有意義的關係，需要長時間

回想我生命中的好朋友，大多都是曾經看過且接住我脆弱面的人。他們可能是在我失

戀時安慰我，或在我與家人有衝突時，陪我討論。甚至我們之間曾經發生過爭執，但透過修復與和解，關係反而變得更加緊密、真實。

至於該如何尋找並與對方建立親密、信任的關係？我無法給出簡單的答案或速效的方案。想建立深刻、有意義的關係，需要漫長的時間，但正因為如此，這樣的關係才格外珍貴。

因此，試著去找到在你生命中，能分享彼此脆弱，建立起雙向且有意義的關係吧！

找到專屬於你的充電方法

前文分享了在「獨處」時，可以補充能量的方式，也提到在「關係」中，可以找到讓你覺得安全、信任的對象，並**從關係中找到支持與力量**。

但沒有哪一個方法是最好的。你必須找到屬於你自己的方式。

以我自己為例，我平時喜歡在家煮飯。壓力大的時候，喜歡一個人跑去電影院看電影。思緒煩躁的時候，會去健身房跑步，活動筋骨。想要探索內在世界時，我喜歡待在有特色的咖啡廳，或吃點美食，犒賞自己。

反之，對我而言，旅行是件既享受又麻煩的事，它不會是我的首選，但可能會是跟朋友一起出遊的優先選項，因為我喜歡在旅行中與朋友同樂。種花種草是我曾經有過的興趣，但植物殺手的我，從中得不到成就感，也避免殘害無辜的生命，就漸漸減少這個興趣了。

另外，我偶爾會邀朋友去吃美食、玩桌遊或密室逃脫，偶爾也去酒吧小酌（但我其實沒有那麼愛喝酒，只喜歡跟朋友聊天）。我把我個人的興趣，以及相處自在的朋友，放在一起，變成可以滋養我自己的小圈圈。

上述這些方法與選擇，是我在不斷地嘗試、自我探索過程中，慢慢發展出來，且不斷修正之後的結果。

人生最低谷時，是什麼撐住自己？

如果，你的方法不多，我鼓勵你，可以多跟朋友聊聊，聊聊他們都用什麼方法幫自己充電。更重要的是，讓自己多嘗試，你可以發展三至五種以上，且盡量是比較唾手可得的充電方式。

或許這些方法聽起來，感覺上像是一些所謂「興趣愛好、人際來往」無傷大雅的小玩意兒，但我聽過非常多的人，在其人生最低潮、最低谷的時候，正是因為有一些「興趣愛好」，成為支撐住自己，非常非常重要的精神支柱。

最後，總結這一個篇幅，請把自己當成一部性能很好、高科技的電動車；時刻關注自己的電量，並用合適的方式，幫自己充電。

列出你的充電清單

每個人的充電方式不同，而能夠幫自己充電的方式，永遠不嫌多。

建議你，花一點時間盤點你的充電方式。

方法很簡單，寫下三個以上，能夠讓你充電的方式，並**整理這些方式能夠讓你充電的關鍵是什麼**。

充電的方式，可以是靜態的、動態的、獨自的、關係的、免費的、花錢的、物質的、心靈的。

只要長期來說，不會帶來太多壞處（例如：飲酒作樂），都可以盡量嘗試、體驗。

十三、整合力：整合你的內向特質，I（Integrate you traits）

前文提過，許多人對於內向者可能會有一些刻板印象，**甚至內向者自己本身也都會拿這些刻板印象來自我設限**。但實際上，當內向的人懂得善用自己的特質時，他們的表現，不僅不會不好，反而還會出類拔萃。

接下來，我想破除大家對於內向者的一些迷思，以及內向者如何善用自己的特質去超越。

希望透過這些例子，能讓你相信：「**原來內向者不需要改變自己，你就已經很好了！**」

迷思一：內向的人，不適合做業務或公開演講

舊迷思

內向的人不適合做業務或公開演講，因為他們不善於表達，個性害羞、內斂。

新觀點

雖然內向者不喜歡在大眾面前被注視或即興發言，但他們在準備充足的情況下，反而能表現得更穩定與真誠。

他們說話有內容、具同理心，**擅長與人建立信任關係**。比起浮誇的推銷，更容易贏得長期合作。

善用內向的特質，成果反而更好

- 內向者往往願意花時間，在理解對方的需求後，提出貼近人心的建議，而非單向銷售。
- 面對台下的觀眾，內向者會事先準備，讓演講內容更有架構與深度。
- 內向者講話不急躁，也不過度包裝，因此更顯得誠懇與可信。

例子

蘇珊．坎恩（Susan Cain）是一位極度內向的律師，她在《安靜，就是力量》這本書裡，分享了自己的經驗。

一般人對於律師的印象，是強悍、果決、批判的，但蘇珊．坎恩卻在一場異常困難的訴訟中，溫和堅定、精準地反問了對方一些問題，讓對方直面核心關鍵。她最終漂亮地打贏這場戰役，震驚了周遭的人。

實際上，蘇珊．坎恩就是善用了自己內向的特質，在觀察、聆聽後，提出最具關鍵性的問題，反而帶來更好的效果。

同樣地，她靠著事前細膩、有深度的準備，加上大量的練習，讓她在TED的演講「內向者的力量」中，感動上百萬人，這也讓「內向者的價值」被全球看見。

我自己的經驗，也是如此。

在我的職涯裡，有一段時間，我做的是非常典型的業務銷售工作。但每一次要出門見客戶，或是要拿起電話做陌生開發，我都會非常緊張，甚至手跟聲音都在發抖，但在多次的努力嘗試之後，我得到的絕大多數回饋都是：「你跟我之前遇到的那些業務完全不同。跟你說話很舒服，感覺跟你合作，會讓我很放心。」

不過，一開始，我並沒當一回事，心想可能是有幾個客戶人特別好，所以給了我很好的回饋，但久了之後，**我發現這是我獨有的魅力，也是我能創造出來的價值**。

但即使如此，我還是覺得與客戶接觸，讓我很焦慮，不過，我同時也感受到在過程中，能夠幫忙到對方的一種成就感與價值感。

至於演講對我來說，則是另外一種大挑戰了。

雖然心理師的其中一個收益來源，是進行演講，但認識我的人都知道，上台是讓我極度焦慮與不自在的事，只要台下觀眾有一些人的反應比較冷漠，或者有人離座、滑手機，都會讓我內在焦慮的小宇宙爆炸，所以能拒絕的演講，我都會盡量拒絕。

但有點矛盾的是，我偏偏又非常熱愛與大家分享知識，希望能把我腦袋裡有價值的東西，分享出來，以幫助、影響更多的人。

因此，有一段時間，我非常羨慕在講台上能言善道，一出場就抓住所有人目光的講師。不過，後來我在某一次的大型演講之後，我得到的回饋是，我的演講或許不華麗，但很真誠。

從那一次之後，我開始觀察許多的講者，其實他們有些也是內向、細膩的人。他們不華麗，但有些時候帶給我的收穫，遠比外向者要來得多（或者說，收穫本身與內向、外向無關，而與課程規劃、知識含金量有關）。

當然，我仍舊對於自己的舞台表現很不自在，但至少我可以跟我的焦慮共處，也願意持續努力去嘗試與挑戰自己。

迷思二：內向的人不適合領導

舊迷思

內向的人不適合擔任主管或領導者，因為他們太安靜、不擅長溝通，沒辦法帶人或做決策。

新觀點

許多內向的領導者反而更能激發團隊的潛力，因為他們擅長傾聽、觀察細節、不逞強、**不搶風頭，讓團隊的成員有更多空間表現**。

他們通常決策謹慎、重視深思熟慮後的行動，也更能贏得信任與尊重。

善用內向的特質，成果反而更好

- 內向的主管往往能建立安全、穩定的工作氣氛，讓團隊成員敢於表達與嘗試。
- 他們不急著主導話語權，更願意聽取不同的觀點，做出更全面的判斷。
- 內向者的沉著與自制，讓他們在面對壓力與衝突時，能保持冷靜與理性。

例子

如果談到蘋果的創辦人，大家第一個想到的通常是賈伯斯。賈伯斯的舉手投足有一種說不出的魔力，非常迷人。

不過，大家常常忽略的是另外一位創辦人，史蒂夫・沃茲尼克（Steve Wozniak）。他在惠普公司的一間小辦公室裡，發明了世上第一台的蘋果電腦。他曾經說過他年輕時，如果不是因為太過內向，都宅在家裡，他不可能成為了不起的工程師。

同樣地，在賈伯斯之後，由提姆・庫克擔任蘋果的執行長。他不是典型的魅力型領導者，但他用安靜、細膩與穩定的風格，把蘋果帶入全新的高度。

對我自己而言，也是如此。

目前我是兩家公司的創辦人／共同創辦人，但有一段時間，我總覺得自己身為一個領導者，我不夠果決、不夠有魄力，也因為這些對自己的看法，我甚至還會逼自己快一點下決定。

我花了很多時間，去認識自己、接納自己。我告訴自己，或許我不是魅力型的領袖，但我可以當一個穩定、專注、願意深度發展的領導者。我也總想著，如果我無法一鳴驚人，那麼，我應該能細水長流。

雖然我持續學習如何擔任一個領導者，但我也不斷提醒自己，如果把果決與魄力，不是當成一種特質，而是在我深刻了解企業的運作、商業的脈動後，所做出的有底氣的決策，那麼其實是遠比演出一個看起來有魄力的老闆，來得更加穩健與扎實，不是嗎？

迷思三：內向的人不擅長交朋友，甚至有點孤僻

舊迷思

內向的人不善於交朋友。他們太安靜了，會讓人覺得難以親近。

新觀點

內向者確實不喜歡表面的寒暄，但內向者反而更能營造並維持關係中的品質，因為他們更喜歡，且擅長與人建立深層地連結。

他們的**社交圈雖然不大，但卻質量高，容易長久維持**。與他們來往的朋友，也往往更能感受到被理解與重視。

善用內向的特質，成果反而更好

- 內向者願意花時間傾聽與陪伴，讓朋友感到真誠與安全感。
- 內向者不強求交友的速度，而是讓關係自然深入、自然發展。
- 內向者的細膩觀察力，讓他們能記住對方的感受與細節，而建立真誠的信任。

例子

艾瑪・華森雖然是全球知名的女演員，但她認為自己極度內向、不喜歡人多的社交場合。

她在訪談中多次提到，自己傾向花大量的時間維持幾段深厚的關係，而不是勤於參加派對，認識新朋友。她的朋友也說她是一位「細心、能傾聽，又很值得信賴」的人。

至於比爾・蓋茲，作為科技巨頭，他是一位公認的內向者。他在許多演講中都強調：他與人的互動是「安靜且深刻」的。

他與梅琳達・蓋茲的長期關係（無論婚姻如何轉變），以及他與巴菲特長達數十年的深厚友誼，都展現出內向者建立穩定人際的能力。

我自己也是如此。

我常說，我的朋友不多，但都是精挑細選之後，留在我身邊的。我也常常覺得，與朋友相處，常常讓我有種充電的感覺。

對我來說，充電有兩種，一種是可以跟同頻率的朋友，很深刻地講很多近期的發現、覺察與成長，讓彼此都很有共鳴。另外一種則是約朋友到咖啡廳，看彼此的書，用彼此的電腦，以一種安靜但又陪伴彼此的方式，待在同一個空間裡。

迷思四：內向的人在團隊裡合作，優於獨立工作

舊迷思

在團隊裡合作，優於獨立工作，因為集思廣益總能產出更好的成果。

相較之下，獨立作業效率低、創意不足，也容易侷限思考。

新觀點

雖然合作能加速執行與整合資源，但真正具突破性、創造性的成果，往往來自個人的深度專注與獨立思考。

現代的工作環境過度強調「協作文化」，而忽略了個人思索的空間，因此，對於內向者這一類需要安靜環境、慢熟型的深度思考者來說，反而是一種壓迫。

團隊討論容易產生從眾效應（conformity）**與團體迷思**（groupthink），讓真正具有價值的異見與創新被淹沒。

而內向者在獨立思考時，更能激發創造力、提出異於常規的見解。這些觀點雖然在當下不容易被接受，卻往往能帶來顛覆性的價值。

善用內向的特質，成果反而更好

- 內向者在獨立環境中，思維更清晰、情緒更穩定，能進入「心流」（Flow）狀態，創造高品質的產出。

- 他們喜歡深入研究、整理思緒後再表達。他們不急於在團隊中爭取話語權，但反而更能提出完整、深入的方案。
- 他們不容易受群體的觀點影響，**較能保有獨立思辨與批判能力**。在團隊中，雖然不愛搶風頭，但往往是整合與深化思路的關鍵角色。
- 他們更擅長在會議後做出價值整合，例如撰寫會議紀錄、優化討論方向、補充未被注意的盲點。

例子

知名導演李安每部電影的前期劇本與情感設計，幾乎全靠長時間的獨自構思。

他曾說：「**創作的真正靈感，來自沉靜與孤獨。**」儘管電影拍攝需要團隊合作，但靈魂的建構，完全是來自他的個人空間與內在醞釀。

比爾・蓋茲每年會有兩次的時間獨自隱居、不接觸人，且只閱讀與思考未來的方向。

他稱這一段時間是「最高產值的一週」。

這種高度自主與深度思考，正是企業戰略與科技創新背後的推手。

在我自己的經驗裡，也有類似的發現。

過往，我常常會覺得「討論出來的決議，是更加可靠、令人安心的」，但如果我誠實地去審視自己的工作、點子，卻往往是獨自完成的。

舉例來說，在寫這本書時，我透過朋友的建議，想出這本書最初的書名，也透過編輯的引導，幫助我重新聚焦。不過，當我真正開始書寫、組織架構時，還是透過讓自己暫時斷絕所有的干擾，完全獨處、全心投入後才書寫完成的。

我完全無法想像，假設這本書是「討論出來」的，會是多麼災難的事情。

十四、行動力：挑戰自己的舒適圈，C（Challenge your limits）

前文的接納力、保護力、恢復力、整合力，幫助你打下很好的地基，接下來要分享，如何去挑戰自己的舒適圈，拓展自己的能力。

這也是我覺得在E.N.R.I.C.H.六力蛻變圈裡，最困難，但同時也是最有價值的部分。

我從心理建設、具體方法，且用整合的角度來談，如何做到這件事。

為什麼需要挑戰自己的舒適圈？

我在心理諮商中，有一個核心的觀點：我認為一個人遇到一些困難，過不了一個關卡，可能是他還沒長出足夠大或相匹配的能力，來應對眼前的挑戰。

舉例來說，一個內向者，如果常常感覺到委屈、總是需要配合別人，可能是因為他不懂得劃清界線、不懂得照顧自己。

如果對於上台演講覺得焦慮，有可能是練習與經驗不夠多，也還沒辦法找到一個足夠有效的方式，消化與應對焦慮。如果對於與人交談感到焦慮，可能是你還沒學會，怎麼戴上社會化面具的同時，還能保有你自己。

一個人遇到的問題，如果覺得很大、很難處理，有可能是因為自己的能力太小。但如果你能透過學習、成長，讓你的能力變大，或許問題的大小沒變，但這個問題，對你而言，就不再是問題了。

回到「五、內向者的六大內耗循環 A.F.R.A.I.D.」，其中，最後一個階段是「退化」，也就是當你常常不去做某件事，你會愈來愈不擅長、愈來愈害怕，也愈來愈容易感受到困難以及挫敗。

但這個「萬物皆可學」的觀點，有時候有點危險。

一、好像輕忽了先天特質對一個人造成的影響，也就是本書的主題「內向」。

二、很容易一不小心就變成「我做不到，是我能力不足，是我的問題」。

但實際上，本書多次強調的是，**改變不必然要建立在「我很不好」的前提之上，而可以是「我知道我有一些不足，我想讓自己變得不一樣、更有力量」**。這也是為什麼我把「改變」這個步驟，放在這本書快要結尾時，才展開討論。

當我們用「練習」的角度來看待困難，雖然會感受到壓力，但也有另外一個非常大的好處是：「我承擔起了改變的責任，並且感覺到，我是有機會、有能力，對於現在不滿的狀態，做出一些改變的。」同時，也**把人生的主導權拿回到自己手上**。

有哪些部分，是我需要改變的？

怕水的人，要學習游泳嗎？怕搭飛機的人，要試著克服自己的恐機症嗎？

你可以問自己以下幾個問題：

★ **我有多在意這件事情？**

★ **我如果不改變，對我的生活會帶來什麼困擾？**

★ **如果我試著改變，對我的生活會帶來什麼正面影響，或新的可能性？**

★ **我是否願意冒險、承擔一定程度的不確定性？**

內向者因「內向」所形塑出來的某些習慣，讓他們很容易迴避一些焦慮情境，例如閒聊、上台、表達自己的意見、拒絕他人。

內向者常常用躲在自己的小世界的方式，讓自己舒服一點。

這些迴避都不是壞的選擇，但如果你總是如此，可能會失去很多。

例如認識一些對你的生命有幫助的貴人；發揮你的影響力，為這個世界帶來美好的改變；限制你個人的職涯發展，或時常感覺到孤獨。

以我為例，雖然對於與人接觸，我很容易感到焦慮；對於社交性的互動，我感覺不自在；一上台，我就緊張得要死，但如果沒讓自己試著去接觸，我現在的生活可能會很無聊，我也沒機會「體驗人生」，看看自己還有多少的潛能。

拓展能力，就像拉筋

關於挑戰自己的舒適圈，我喜歡用一個概念，叫做「拓展」。

拓展的意思是，我沒有要捨棄我原本的樣貌與做法，例如獨處、充電，用一些方式讓自己舒服一點，但與此同時，我也可以讓自己有機會創造出不同的選擇。所以，我不是「否定自己、長出新的自己」，而是「**我可以做原本的A選擇，但也可以做新的B選擇**」。

另外，我還想分享一個觀念「拉筋」。

我自己是一個筋骨非常僵硬的人，彎腰是碰不到地的。如果我要讓自己有一天可以像舞蹈學生那樣劈腿，我肯定不可能硬是把自己的腿掰開，因為除了受傷，未來大概也不敢再嘗試。不過，如果透過拉筋這種循序漸進的方式，除了能讓自己慢慢適應之外，這也是尊重自己，且相對安全的做法。

有意識地挑戰自己

舉例來說，如果你是一個非常焦慮於與人打招呼，極度內向的人，你可能無法一下子與人深談一小時，但或許可以先從閒聊近況開始；而如果你連開口說話都是困難的，那麼，或許你可以從與對方眼神接觸、點頭微笑開始。

因此，有意識地設計給自己的挑戰，逐漸從「有一點不舒服，但可接受」的方式，再逐漸調升難度。

不過，如果你很多次都失敗，則有可能是你的目標太過困難，那麼，就需要重新設定目標。

當重新設定目標，請你有計畫的，以自己能夠承受的程度，慢慢地練習與適應。

在心理學裡，這是「系統減敏感法」：也就是設計一些體驗，來讓一個人對於一件原本害怕、恐懼的事情，慢慢變得比較不害怕。

破除災難化的預期心理

再舉例來說，如果你害怕跟陌生人說話，你可以先試著跟便利商店的店員說：「我要結帳」，這樣簡短、又不用深入交流的事。

等到你在過程中，比較適應這個程度的刺激強度之後，再提高難度，例如「詢問店員有沒有販賣某一個商品，並請他幫你找」，最後再進階到「請店員教你怎麼操作影印機的機台」。

雖然這樣的「漸進式」看起來差異不大，但我是一步一步，有意識地在提高難度，一直到我適應之後，我再往下一個階段走。

核心的理念都是：「我試著做出一些改變，而事情的結果，原來並不如我原本想像中的這麼危險與可怕」，慢慢地，我會破除災難化的預期心理，也會對自己不會被這些困難給打倒有信心。

當你的「敏感」程度減少了，你對於面對這些挑戰，也不會如同之前那般恐懼了。

搭配有意識的調節與放鬆

或許有人會問：「會不會我每一次都還是非常緊張？我沒有辦法降低我對這件事情的敏感程度？」

所以在系統減敏感法裡，我會再教你一些「放鬆」的技巧，讓你在緊張、不安時，透過放鬆的方法，調節、降低自己情緒的激動程度，待恢復到一個「可接受」的程度時，你就能重新感覺到「安全」。

心理學裡有一個詞彙是「容納之窗」，意思是，在這個範圍之內的激動程度，是我能夠容納的，也是我可以慢慢練習與適應的，如同在前文裡提到的底線與界線之間的過渡區。

如果我們可以多待在這個範圍裡，有意識地讓自己慢慢適應，以**增加對於這份不舒服的耐受度**，你其實就是在做情緒的拉筋，這也能有效地降低敏感或激動的情緒。

具體的做法是在你緊張、不安時，**透過練習肌肉放鬆訓練**(註1)，**或深吸慢吐**(註2)**的呼吸方式**，**調節自己的情緒**，直到你覺得激動程度降低到自己可以接受時，再多往前踩一步去冒險——冒險去表達自己的心情、自己的需求、自己的想法，甚至是你的拒絕，也就是去做一些你原本自己不敢嘗試，但能夠讓你有力量的行為。

那些可以讓自己和緩一點、調節情緒的方式，都是屬於安撫自己的「技巧」，只要慢慢地建立、多加練習即可。

不將緊張當成負面、需要消除的狀態

但最重要的部分是，你在激動的情況下，有意識地緩和、調節自己的情緒，讓自己回到一個安全、可容納的範圍。

如果真的覺得太過緊張，也不要把緊張當成是一個負面、需要消除的狀態，而是告訴自己「我正在做一些我不習慣的事情，我正在面對挑戰」。而這種不安的狀態，就是必經的過程，我**不需要放大這些挑戰帶來的不舒服**。

因此，記得讓自己有機會體驗到「不同且正面的經驗」，這是建立信心很關鍵的思維，也是接著要提到的「體驗成功經驗」。

如何訂定專屬於你的目標？SMART目標設定法

關於拓展能力過程中的「設定目標」，我想再多分享一些我的經驗。

在心理諮商的過程中，與一般聊天不同，我們是有方向性、目標性地討論要改變的焦點。因此，**諮商成效中一個重要的關鍵，是來自於有好的目標設定**。

至於如何設定呢？我先問大家一個問題，當你在設定目標時，你會設定得高一點，讓自己有更強的動機去完成？還是要設定得低一點，讓自己可以有機會做到？

另外，也同時請你思考，在過去的經驗中，你設定的目標，是否容易達到？而達到或沒達到的原因各是什麼？

我認為：目標設定要高或低，必須看這麼做，對你的「效果」是什麼。

也就是，如果你習慣透過設定一個高目標，來激勵自己，你也真的都能夠因為這個高目標的設定，讓自己很有動力地前進，那麼，我覺得很棒，也支持你為自己設定高目標。

例如我聽過一些人，他們會給自己一年的時間，去考取一張證照，或是學一樣新東西，且每一年都有一個新的挑戰與目標，每一年也都會在挑戰自己的過程中，享受著自己的成長，那麼，我認為對於這樣的人而言，設定高目標就是一個很棒的策略。

但一般而言，尤其對於來諮商的個案而言，很多都是在設定了目標，但卻達不到目標的挫敗中掙扎著，那是因為，高目標不僅無法成為動力，反而會變成壓力；又或者，其實真正的問題不在於目標的設定，而是沒有找到合適與正確的方法。

因此，我的建議是，**目標設定，應該要在「有一點小難度，但又還能做得到的『挑戰型目標』」**。

至於訂定目標的方法，建議參考SMART法則，能幫助你更好地收斂你的目標。

★**明確**（Specific）

★**可衡量**（Measurable）

★**可實現**（Achievable）

★**確實可行**（Realistic）

★**有時間限制**（Time-bound）

當你設定一個明確、可衡量、有機會達到的目標，你才能非常清楚地知道自己最後達標與否。

舉例來說，當你說「我想要變得外向一點」，這是個非常不具體的目標。

但如果你說「我希望在進公司後，可以跟三個人說早安」，這就非常具體、可達成、可衡量。

如果你說「我想要在聚會的時候提早回家」，這也不夠具體。

但如果你說「我希望我今天可以跟朋友提出我九點會提前離開」，無論你最後有沒有真的準時離開，因為說不定朋友還是會強力挽留你下來，你最後九點半才離開。

我也不認為你是失敗的，因為在這個目標裡：「你有開口提出九點離開的需求」，這就已經是達到目標了。

而**當你達到這個目標時，你需要看見並肯定自己，並內化成自己的自我價值**。你可以告訴自己：「我持續挑戰自己，且做出了一些突破。我是很勇敢的人。」

所以，我認為設定一個有機會達到的目標，並且確實地達到，是一個能夠增加一個人的自信，最快的方法。

以終為始，把大目標拆解為小目標

舉例來說，對一個沒有什麼朋友的內向者而言，如果他的「長期目標」是：交到一個關係深刻的好友。他肯定不可能直接走到一個人面前說：「你可不可以當我的閨密？」而是需要以終為始地，先將這目標拆解成一步一步可以達成的小目標。

如何拆解成小目標？如下：

我想找一位共患難的知心好友→分享脆弱的心事→創造一起出去旅遊的機會→交一個相處自在的朋友→分享自己的日常生活→問對方問題→邀約一個簡單的午餐聚會→與較不熟的同事說第一句話→微笑、點頭、打招呼。

對這位內向者而言，他需要做的第一步，可能就只是「微笑、點頭、打招呼」，但這就已經是一件很勇敢的事情了。

如果你覺得太難，是因為目標設定不夠小、不適合你

有一個很有趣的問題：「你要怎麼吃掉一頭大象？」最好的方法，就是一口、一口、一口地吃，一次只吃一點點。總有一天，會有吃完的一天。

所以，如果你設定一個過高、過難的任務，這是很不切實際的。

如果當你做一件事，你覺得非常困難，困難到幾乎不可能完成，請你**先不要想著是**

「**自己的能力不足，自己很糟糕**」，而是要想著「或許我設定了一個不適合自己的目標」，因此改變的方向，就是放在調整目標設定的難度。

最後，我想問你的是：

★**身為一位內向者，你有什麼想調整、改變的大目標嗎？**

★**如果你要為這個大目標，設定一個短時間內可以完成的小目標，這個小目標會是什麼？**

★**你會怎麼確認、檢核，你是否達到或未達到這個小目標？**

行動是改變的基礎

雖然心理學大量地討論一個人的「內在」，但最終一個人展現出來的「行為」，卻常常是改變的基礎與關鍵。

你覺得，一個對於數學能力有信心的人，他的數學成績，也就是外在展現出來的行為表現，通常是好的，還是不好的？沒錯，通常成績好的人，也會對自己比較有信心。

所以一個人要有具體的行為改變，才能帶來新的體驗與回饋，也才能為自己的大腦帶來新的經驗，讓大腦神經元創造新的傳導路徑，你也才會真正地學到，並開始改變。

舉例來說，你必須與人深刻地相處與交往（即使內在是非常焦慮的），你才能體會，原來內向者可以與另外一個人建立非常深刻且有意義的關係。

你必須上台進行一場演說，你才能不斷地從自己的表現中做修正，以及在別人的正面回饋中，建立起身為講師的正面自我認同。

你必須勇敢地拒絕別人的需求，重視自己的感覺，你才會感受到，原來我是可以真實地表達自己。

當我真實地表達自己，別人反而會更喜歡我、與我相處感覺更自在。**原來，我做自己，是可以的，也仍會被接納與喜愛。**

適當規劃，快速行動

然而，在改變的過程裡，卻很容易陷入內心的糾結裡，讓自己躊躇不前。

例如，當我開始練習上台演說時，我寫了足足一萬字的講稿，且準備了非常之久。坦白說，萬事起頭難，第一步往往是最困難的。但內向者的優點是，當你真的做到了，且將之內化、吸收，變成是你的一部分時，你會有非常深度地發展與細膩地展現，而最後的成果，也往往非常讓人驚豔。

我很喜歡的一句話是：「你所想像的問題，百分之八十都不會發生；而百分之八十的問題，是在你開始之後才會遇到」。因此你愈快開始行動，你就會愈快修正，並且愈快成長。

當然，我不是鼓勵你魯莽，變成盲勇。你可以規劃，也可以預先準備，但是**準備到「剛好就好」**。

至於怎麼判斷「剛好就好」？可以觀察你內在的那些想法、自我對話，如果是讓你感覺事情與能量不斷在往前推進，那就是一種準備。

但如果已經變成過度自省，甚至自我反芻，且會有比較明顯的原地打轉、停滯感，那麼或許你就是過度準備了。

過度準備、過度思考，反而會讓你瞻前顧後，因為太多資訊無法取捨，最終可能會毀掉你的信心。

因此，建議你，適當規劃，快速行動，先做再說。

不斷輸出，才能思考與成長

許多內向者也有一個習慣，就是會看很多書、吸收很多資訊，但只進不出，內在最後變成一灘混濁的死水。

能量是需要流動的。老祖宗的風水也強調流動，才能生生不息。所以我認為，你可以挑選你較自在的方式去輸出。

例如對我來說，持續地書寫與記錄，是一種輸出，也是我接近自己的方式，目前很幸運地寫了三本書。

有些人喜歡用畫畫，有些人喜歡用音樂，有些人用自媒體（短影音、Podcast），無論何種方式，在不斷地輸出之後，你會思考、會成長、會進化。

你的身心，也會再度騰出空間，讓你繼續學習與成長。

影響身邊的人，打造自己的舒適圈

接著，我建議你，**不要害怕去「影響別人」**——幫自己創造一個安全、滋養的環境，甚至教會（訓練）身邊的人，如何與自己互動，以打造出你自己的舒適圈。

你可能會問：「怎麼教？怎麼訓練？我憑什麼去教對方？為什麼對方要配合自己？」

我會回答：「其實不是配合，而是當我們能明確地告訴對方與自己相處的方向，反而能讓對方更安心，對方也不會無所適從。」

舉例如下：

你的另一半回到家。他一言不發，板著一張撲克臉。

你問他：「怎麼了嗎？」

他說：「沒事。」

你再問：「可是，你看起來不太好。」

他依然說：「真的沒事啦！」

面對這樣的回應，你的心情會是如何？你可能會在腦中猜測：他是不是在生我的氣？他是不是有什麼祕密？

但如果他這樣告訴你：「沒有啦，我今天比較累，工作上遇到一些不順利的事。我需要一些時間休息，等我恢復了，再跟你說。」你是不是會安心許多？

這樣的告知，其實就是我所謂的「影響身邊的人」，而這並不需要是非常駭人或出格的大動作，就能做到的。

內向者常常有不符合事實的幻想

再舉一個大家比較熟悉的例子。對許多內向者而言，他們常常有一種幻想是：「當我不說話，或講話口拙時，其他人會不會覺得我很奇怪？如果我講話講得很差，我會不會被大家討厭？」

也因此，當內向者進入到一個群體時，內向者可能會先等待、觀察，等確定安全後，他們才會開口。

但這個等待，可能會一直等下去。因為話題一直往前，而內向者不見得有跟上大家，或是在大家沒有開口的時候，大家也並不知道內向者其實還是很專注地在傾聽。

我問過許多內向者身邊的人，當他們看到一個人不說話的時候，他們會覺得對方的心裡在想些什麼。

我聽到的答案裡，幾乎沒有說：「他好難相處、不合群。」他們大多都說：「可能他比較慢熟吧。反正等到他想加入的時候，再加入就好。」「我也怕一直跟他講話，會給他壓力。」「我覺得會不會我講太多了，讓他有壓力？還是我少說一點，會不會比較好？」「可能他有什麼心事，暫時不想說話吧。不過，也沒關係。」

所以周遭的人，大部分都是擔心這位內向者不開心，覺得他需要多一些時間，甚至還懷疑起自己是否給對方壓力了。當然也有一部分的人是「無所謂」，覺得不關自己的事。

老實說，人類本質上還是比較傾向是關注自我的物種，所以你不說話、不回應的狀態，反而給了大家更多的想像空間。

甚至有一些比較焦慮、耐不住沉默的外向者，因為感受到對方太過安靜、被動，所以覺得失控、不安，也覺得自己有責任，需要「炒熱氣氛」。但這樣一冷一熱的互動，反而會進入惡性循環。

因此，如果你主動給別人明確的訊息，例如告訴別人，自己現在的狀況，自己怎麼樣會比較舒服，反而對雙方來說，都會是比較自在的。

內向者能創造出對自己友善的環境

在參與團體時，無可避免都要介紹自己，通常這種時候，我都會很簡單介紹自己，因為希望大家趕快把焦點從我身上帶過，但有一次，我用一種很不同的方式：

「大家好，我是XX，很開心認識大家。有時候，我可能看起來比較沉默、慢熟，但實際上，我只是比較害羞、內向。我雖然不說話，但我很認真投入、參與課程，所以私下也歡迎大家可以跟我說話、聊天。謝謝大家。」

那一次，我這樣自我介紹之後，隱約感覺到大家的表情比較放鬆，更重要的是，我也覺得自己比較真實、落地了。而**我很喜歡這樣的自己**。

請記得，別人怎麼對待你，是他的選擇。但**你怎麼回應對方、影響對方，如何創造出對自己友善的環境，則是你的責任**。

因此，只要你是帶著尊重、友善、開放的心情，明確地表達你的需求，以及你所需要的幫忙，我覺得大部分的人都會欣然接受的。

讓自己「收下」別人的照顧

《給予》（*Give and Take*）這本書提到付出與給予是一種能力，但我覺得「讓對方有機會照顧自己」，甚至「讓自己『收下』別人的照顧」，也是一種重要的能力！

如果你怕你的開口表達會讓對方有壓力，你也只需要帶著尊重的態度，加上一句「如果你願意的話」，保留一個允許對方拒絕自己的空間，那也就足夠了。

而「照顧／幫忙」這件事，我覺得很美好的地方在於，接收者，感覺到被滋養，而給予者，有機會「賺到成就感」，甚至感受到「自己是重要的」。

所以，身為內向者的你，試著練習看看如何直接表達，也讓別人有機會用他們想要的方式照顧你吧！

不需要「社交很強」，才能建立人脈

在《弱連結》裡指出，弱連結是那些與你關係不深，但仍保持聯繫的人，例如：點頭之交、前同事、偶爾互動的朋友。

相對於「強連結」（如親密好友、家人），弱連結反而在提供新機會與資訊上，更為有效。

書中提到幾個重點：

一、新機會往往來自弱連結：「我們找到工作、接觸新資訊，往往不是來自最親近的人，而是來自那些與我們『有點關係』，但不太密切的人。」這些人處在你的生活圈之外，能接觸到你原本觸及不到的資訊與人脈。

二、弱連結是「社會橋梁」：弱連結能跨越不同的社群、領域，建立新的資訊流通與合作機會。他們不像強連結那樣同溫層，但反而**是打開世界的窗口**。

三、建立多樣的弱連結，比強化少數強連結，更能擴展影響力：內向者可能偏好深交，但若能主動維繫某些輕度關係（例如偶爾聯絡的舊同事、活動認識的人），這些人反而可能在關鍵時刻帶來突破性的資源與轉機。

你不需要「社交很強」，才能建立人脈，只要維持自然而真誠的弱連結，也能打開重要機會之門。

可以從小處做起，例如偶爾傳訊關心、轉分享一篇文章或出席一場小型聚會，都是建立弱連結的方式。

尬聊怎麼化解？

尬聊是沒事卻硬要找話題的聊天。不過，對我而言，這也是讓我非常焦慮、不自在的。

有一次，我走在華山園區獨自閒逛的時候，遇到之前諮商所帶過的實習生。其實，我對實習生的印象滿好的，也覺得對方很親切，但當時可能因為自己處在獨處的狀態，社交模式還沒切換過來，所以尬聊個幾句之後，我就落荒而逃了。

不過，如果現在重新再倒帶一次，我可能會透過以下幾種方法，讓對話自然一點。

從觀察出發

開場不需要多聰明，只要自然，例如：

- 「這裡的空調好像有點冷，你覺得呢？」
- 「今天活動的人，比我想像中多很多欸！」

這一種「當下共同的經驗」，是最輕鬆、自然的話題切入方式。

用「開放式問題」取代「是非題」

避免問「你喜歡這裡嗎？」因為這很容易只得到「喜歡、不喜歡」或「還不錯」的簡答式回應，改問：「你為什麼會來這個活動？你對這個主題有興趣嗎？」

開放式問題容易讓對方展開話題，也能幫助你減少話題的壓力。

簡單地聆聽、回應與同理

對於不擅長表達的內向者來說，傾聽與觀察就是你的強項。所以你可以在聽完對方的話之後，簡單地回應你已經聽到對方的話了。

例如，用「自己當例子」先自我揭露一點點。

- 「我第一次來這種活動，有點緊張。」
- 「我剛剛其實一直在找咖啡機，哈哈。」

小小的自我揭露會讓對方更放鬆，自己也會自在一點。

讓表達與回應的比例，維持在大約各百分之五十的比例，通常關係也會比較平衡。

問對方，你真的感興趣的話題

我覺得「尬聊」最尷尬的部分，就是話題是硬擠出來的。

但如果調整自己的狀態與預期，例如我「真的想知道」當時遇到的實習生最近過得如何。因為是真的感興趣，就會往「深度交流」的方向走，自己也會自在一些。

設停損點，不強求續聊

不是每一段對話都要延續很久，你可以輕鬆結尾：

- 「很開心認識你，我去那邊看看嘍。」
- 「等等講座快開始了，我們之後再聊喔！」

內向者需要保留能量，所以適時切換很重要。**這是界線，不是冷漠**。

在《愈內向，愈成功》這本書，分享了關於「閒聊」的看法。作者認為「閒聊是一種生存能力」，而**人活著最可怕的兩件事：活在別人的眼光裡、活在自己的謊言裡**。

因此，不要假裝，不要勉強，不要因為擔心別人的眼光而硬聊，而是在閒聊的過程中，如實表達自己的狀態，也展現自己的好奇，輕鬆地結尾就可以了。

內向者如何克服焦慮，完成一場演說？

許多內向者回饋我：「在一般的人際互動裡，其實問題不大。只要人少少的，還算能應付，關係也是自在的，但最困擾自己的，其實是『上台』這件事。」

這裡所謂的上台，也就是大眾演說，包含：上台報告、演講、表演，或者某些情況底下，必須面對鏡頭，發表自己的看法，都歸類在這個範疇裡。

許多內向者在別人的眼光與注視底下，會有一種非常強烈的緊張感，甚至會有臉紅、心跳加速、腦袋一片空白、口吃、出汗、顫抖等反應，總之，讓人非常慌張、不自在。

心理學雖然有一個專有名詞：舞台恐懼，但在這裡，我不想太快地貼標籤，把這個反應症狀化。反而想把這個反應，視為一個常見、很多人都曾經發生且經歷過的狀態。

我自己也是屬於一上台就會非常緊張的人，一直到現在，我大概都還是會說：「我無法喜歡與享受那種上台的感覺。」但相較於好幾年前的自己，目前對於上台完成一場大眾演說，已經有一定程度的信心，我知道自己是可以完成的。

所以我想與大家分享幾個轉念的思考，以及如何安頓自己的技巧，希望能夠帶給大家一些幫助，如下：

一、說出「我感到興奮」，比說出「我是冷靜的」，更有好表現

哈佛商學院的布魯克教授曾發表一項研究。他們在實驗中，找一百四十位參與者，包含六十三位男性、七十七位女性，並告知他們要準備一份公開演說，題目是「為什麼我可以成為一個優秀的工作夥伴？」

為了增加他們的焦慮感，實驗團隊用錄影機記錄演說的過程，並告知他們會被一位專業評審評分。

實驗分成兩組。第一組，在發表演說前，被引導要不斷告訴自己「我感到好興奮」；

第二組，則是試圖被引導要冷靜下來。

實驗結果表示，那些被指定說出「我感到興奮」的實驗參與者，比起說出「我是冷靜的」參與者，更能表現出有說服力的演說。

另外，一個類似的實驗，則是找來一百八十八位參與者，隨機分為三組。第一組是希望他們「興奮一點」，第二組是希望他們「冷靜一點」，第三組則是什麼都不做的「控制組」。

同樣地，實驗結果表示，告訴自己要「興奮」的組別，表現分數比其他的兩組，平均高出八分的成績，且這一組對於自己考試後的能力，也更具有信心。

為什麼會這樣呢？因為人的情緒是很複雜的，包含生理反應，以及認知解讀。而在生理指標上，緊張與興奮，它們在生理上的反應與表現是極其相似的。

於是，當我們感受到那些看似緊張的反應，但告訴自己「我是興奮」時，這不僅不會讓你花力氣在壓抑自己，反而**更能夠把這個能量，順勢引流出來，變成一種提高自己的能量與狀態的提醒**。

二、不要控制自己的非自主反應

所謂的非自主反應，指的是當你在緊張的時候會產生的生理反應，例如臉紅、心跳加速、腦袋一片空白、口吃、出汗、顫抖，而這些反應，其實也是當你遇到強烈的刺激與壓力時，非常正常的反應。

當你以為「我必須要冷靜下來，才能完成一場好的演說」，這反而會讓你把注意力一直放在自己的非自主反應上，但偏偏這些反應又是「非自主」的。

你沒有辦法透過對自己精神喊話，或是掐自己的大腿，來減緩、停止自己的生理反應。

你還會認為「我一直沒辦法讓自己冷靜下來」，而覺得自己陷入失控裡。

三、與兩個不同狀態的自己共處

如果你無法控制自己的非自主反應，那麼該怎麼辦呢？放任自己一直發抖、口吃嗎？

我會建議，如果打不過，那就加入吧！

也就是，如果你沒辦法對抗、壓抑它，那就歡迎它，讓自己與這些情緒共處。

我很喜歡一個自我暗示的句型是：「一部分的我……另一部分的我……」而這表示，在我身上的這兩股能量，都被我看見，也被我意識到，且都被我所接納了。

所以，你可以告訴自己：「**一部分的我，其實很緊張，擔心著等一下的演講；但另外一部分的我，也很期待、興奮**，因為我要完成一個對我來講，很大的挑戰。」

而如果你身上的那些非自主反應非常干擾你，你可以在「練習」的時候，就加入一些對自己的狀態「接納」的暗示，再接續著表達你想分享的內容。

例如，當你在練習階段，感受到自己緊張到不行時，你可以先輕撫自己的胸口，再默默地對自己說：「**我感覺得到心跳很快……／我的雙手在顫抖，但這很正常……**」稍微停頓幾秒鐘，等自己找到一種落地的感覺時，再開口繼續你原本要與大家分享的主題。

當然，在正式上台時，並不適合在舞台上喃喃自語。但當你因為緊張而說話愈來愈快，甚至忘詞、腦袋一片空白、不斷流汗與發抖時，我覺得那都是無妨的，你就放慢語速，或喝一點水、深呼吸，趁機緩和一下自己的狀態，再接續分享你的演說內容。

四、與友善的觀眾，進行一對一的交流

不曉得大家有沒有聽過一種建議：當你緊張的時候，就把台下的人，都當成一個又一個的大西瓜，這樣，你就不會覺得他們是有威脅性的。

但實際上，這種方法，在我的經驗裡，反而會適得其反，效果更糟。為什麼呢？因為當你隔離台下的觀眾，其實你就是「陷入自己的想像裡」，同時也切斷你與觀眾之間的連結。你想要溝通、表達的訊息，既無法傳遞到對方身上，你也會更加混亂與挫敗。

那麼，如果不把大家當成大西瓜，究竟該怎麼做呢？

我建議，你可以在一開始演說時，先帶著微笑，看看現場每一位觀眾的眼神，並且在裡面搜尋、掃描，一個你可以溝通、對焦的對象。

這個對象最好是在整個環境裡，最能夠**給你最友善的回應與能量的人；他的認真、專注、回饋、眼神，都可以給你很大的支持**。

當你找到這個對象時，就能建立起一種像是在跟朋友一對一聊天的感覺。

這樣，你的演說就不是對著空氣說話，而是有了明確的對象。你的溝通、表達也會變得更加自然，你也會愈來愈安心。

五、專注在群眾的觀點改變

對大眾演說的目的是什麼？無論你是做工作報告、舞台演講或表演，我們做的，都只有一件事，就是「改變對方的體驗與觀點」。

不知你是否有過這樣的經驗，你在聽了某些人的演說之後，覺得昏昏欲睡？那其實是因為他並沒有在「跟你溝通」，他只是在「表達他的演講內容」而已。

因此，當你上了台，請記得**把專注力放在你是一個能帶給別人改變與影響力的人**。當你能這樣專注時，往往就能帶來很棒的成果。

六、能平實、誠懇地傳達訊息，就是優秀的講者

最後，回到大眾演說的「演」這部分。我必須誠實地說，演說其實有「演」的成分。那些看起來吸引人的花招與技巧，例如講話要停頓、要有抑揚頓挫，要怎麼樣才能講得精采、吸引人的技巧與方法等等，並不是不重要，但我認為，應該把它放在「調味料」的定位。

也就是說，你不需要非常吸引人與迷人，而光是能平實、誠懇地，傳達你想傳達的訊息，你就已經是一位優秀的講者了。

而如果你在前面的原則都把握住之後，還願意繼續訓練你的舞台魅力，那就安心地把它當成一個額外的加分項吧。

黑狼與白狼

最後，我想說一個我很喜歡的故事，當作收尾。

在印第安部落裡，酋長對孩子們說了一個傳說：「我們每個人的心中，都有一頭黑狼，一頭白狼。黑狼象徵著消極、負面、邪惡，白狼象徵著善良、積極、樂觀，而牠們每天都在打架。」

孩子問：「哪一隻狼會贏呢？」

酋長說：「那要看你餵養的是哪一隻狼。」

我很喜歡這個簡單的故事，倒不是說，我們要一直保持在正面的狀態，我想說的是：「你的注意力在哪裡，就代表你餵養的是哪一匹狼。」

在高功能內向者這個主題，當你專注在內向的缺點時，你會很痛苦、挫敗；但當你關注的是內向者的優勢，甚至從發展的眼光去思考如何培養自己的能力，讓自己過得更自在、更有力量時，你就會更接納、更愛你自己。

例如，當你面對大家演講時，若你專注的是你的緊張、不安、失常、聽眾奇怪的表情，那麼，你將會愈來愈緊張；但**當你專注於，如何帶一個有價值的觀點給聽眾**，影響聽眾時，你就能夠更專注在這個目標，而**你，就能夠在舞台上閃閃發光**。

註1：肌肉放鬆訓練

肌肉放鬆訓練（Progressive Muscle Relaxation，簡稱PMR），是一種透過「先刻意緊繃、再放鬆」的方式，幫助身體釋放肌肉緊張、舒緩壓力的放鬆技巧。

操作方法：

依序選擇身體部位（如手、肩膀、腿等），

1先用力收縮肌肉約5秒鐘，感受緊繃；

2然後完全放鬆肌肉約10秒鐘，體會鬆弛感；

3重複2～3次，並可逐步用在全身不同的部位。

這個方法適合在緊張、焦慮或失眠時使用，有助於提升身體覺察與自我放鬆能力。

如果對於文字描述比較難以想像，也建議可以上網搜尋相關免費音檔，依照指示操作練習即可。

註2：呼吸練習（深吸慢吐）

透過刻意調整呼吸的節奏，可以有效影響自律神經，特別是啟動副交感神經系統，達到穩定情緒、降低焦慮的效果。副交感神經負責身體的「休息與修復」，能讓心跳減緩、肌肉放鬆、思緒安定。

操作方法：

1緩慢且穩定地深吸氣約4秒，感覺空氣進入腹部（腹式呼吸較佳）；

2慢慢吐氣約6～8秒，刻意延長吐氣時間；

3重複此循環3～5分鐘，有助於身心放鬆。

補充說明，如果你有其他學習到的呼吸法，例如瑜伽、正念等，或是上網找任何聽起來順耳的音檔，只要「有效」就好，不一定要拘泥於操作形式。

十五、自信力：肯定自己的成長，H（Honor your growth）

最後，回到「如何改變與強化高功能內向者的正面自我認同」這一個主題，而我很喜歡《原子習慣》所提到「改變習慣最有效的方法，就是改變身分認同」。

我是誰？

什麼是自我認同？自我認同，用白話文的方式來說，就是「我認為我是誰？」。

「我是誰」這個概念，是怎麼發展起來的？是因為我曾經做過的很多事，加上別人給我的評價，以及我對我自己的評價所疊加起來的。**「我是誰」是對自己的概念的總和**。

電影《腦筋急轉彎2》用一個發光的圓球，來代表女主角萊莉的自我認同。因為她是一個在意朋友的感受，也幫助過別人的人，所以這些眾多的經驗綜合起來，在萊莉的心中就會產生：「我是一個好人」的自我認同。

打從心底，喜歡自己的內向

而「習慣／行為改變」與「自我認同」，就像是雞生蛋，蛋生雞，一個互相交互影響、循環往復的事。我改變了我的習慣與行為，我就能相信我是一個好的人；如果我是一個好的人，我就更願意做出一些好的行為。

因此，如果我要當一個「適應型的高功能內向者」，我不妨**開始練習看見、表達、照顧與滿足自己的需求**。

當我做到了這些事，我能肯定自己的決定，我也就能為自己感到驕傲。

與此同時，當我認同自己是一個願意照顧自己，也願意挑戰自己的高功能內向者時，我可以知道：內向的我，就是我真實的樣貌。

我雖然緊張、雖然害羞、雖然不自在，但我仍舊可以在我可接受的範圍內，練習重視，並表達自己的需求，也願意透過挑戰自己，拓展自己的能力，以利自己更能面臨未來眾多的挑戰。

例如，我可以在完成一場演講的當下，覺得很累很累，但**我仍舊能夠感覺到自己是很有價值的**：因為我知道，我在做一件我不習慣的事，**我正在挑戰我自己**；我也可以知道，當我站在講台上分享知識給大眾時，他們可以因為我的演講，而得到一些幫助，而這件事情非常地有價值。

我可以打從心底，真心地喜歡自己的內向。

不吝表達對自己的肯定

身為一個高功能內向者，我不用把自己藏起來、不用分裂地戴上面具，變成別人或自己期待的樣子。我有信心，知道怎麼照顧好自己。

我知道內向性格帶給我一些限制，但也帶給我很棒的禮物。我能夠善用自己的特質，讓自己的人際關係與生活，都過得更好。

逐漸地，我對自己的看法也開始轉變。

我不再是那個膽怯、沒自信、孤僻、容易焦慮又膽小的內向者，而是懂得保護自己、照顧自己、愛自己，同時願意讓自己變得更好、更自由、更有力量的高功能內向者。

請記得，這份對自己的肯定、感動與踏實，需要你「慢下來」地體驗與感受。

即使那個改變小到不行，你都可以「公平」地看到自己，且對自己說：「我真的比起原本的自己，又再往前了一小步。」

還記得這本書的開頭，有一位想去阿爾卑斯山牧羊的外商業務Jessica嗎？最後Jessica告訴我，她在與我談完之後，認清楚自己的性格，也了解自己的需求與渴望，所以決定離開那一份高壓、高成就、符合父母期待的工作，而選擇冒險，她將與她的男友一起創業。

即使Jessica知道這個選擇，可能會遇到非常多困難的挑戰，但她知道，這個挑戰，是她自己的選擇，而她擁抱這一份選擇。

衷心希望，每個人都能如同Jessica，也如同我一樣，都能夠找到屬於我們生命中的那一罐養樂多，那個讓我們熱愛的事物。

我們接納自己原本的樣子，但也努力學習並拓展自己的能力，讓未來的自己更完整、更平衡，也更自在。

【後記】

能完成這本書，我覺得很幸運，有好多人對我的支持。

感謝編輯純玲，在我拖延了兩年多，一直未動筆的這段時間裡，等待著我、提醒著我，也幫我釐清我的困難與障礙，找到了一條新的路，讓我可以開始書寫。

感謝慕姿，分享給我一個很棒的題目。

感謝我的父母，尊重我原本的樣子，給我空間發展，去找我自己。

感謝內向的我自己，一直在這條路上自我探索，也沒有放棄地挑戰自己，讓自己活成了自己更喜歡的樣子。

感謝閱讀這本書的你，願意給自己一個機會，重新認識自己。

衷心祝福你，可以找到專屬於你，並且感到自在的樣子與生活方式。

國家圖書館預行編目資料

只是快撐不下去了：給不敢讓人失望的「高功能內向者」日常救援手冊／邱淳孝著.——初版.——臺北市；寶瓶文化事業股份有限公司,2025.07
面；　公分,——（Vision；280）
ISBN 978-986-406-484-7（平裝）
1.CST: 內向性格　2.CST: 自我實現　3.CST: 生活指導　4.CST:人格心理學
173.761　　114009043

Vision 280
只是快撐不下去了——給不敢讓人失望的「高功能內向者」日常救援手冊

作者／邱淳孝　諮商心理師
副總編輯／張純玲

發行人／張寶琴
社長兼總編輯／朱亞君
主編／丁慧瑋　編輯／林婕伃・李祉萱
美術主編／林慧雯
校對／張純玲・劉素芬・陳佩伶・邱淳孝
營銷部主任／林歆婕　業務專員／林裕翔
財務／莊玉萍
出版者／寶瓶文化事業股份有限公司
地址／台北市110信義區基隆路一段180號8樓
電話／(02)27494988　傳真／(02)27495072
郵政劃撥／19446403　寶瓶文化事業股份有限公司
印刷廠／世和印製企業有限公司
總經銷／大和書報圖書股份有限公司　電話／(02)89902588
地址／新北市新莊區五工五路2號　傳真／(02)22997900
E-mail／aquarius@udngroup.com

著作完成日期／二〇二五年五月
初版一刷日期／二〇二五年七月二十五日
ISBN／978-986-406-484-7
定價／三八〇元

寶瓶文化・愛書人卡

感謝您熱心的為我們填寫，對您的意見，我們會認真的加以參考，
希望寶瓶文化推出的每一本書，都能得到您的肯定與永遠的支持。

系列：Vision 280　書名：只是快撐不下去了——給不敢讓人失望的「高功能內向者」日常救援手冊

1. 姓名：＿＿＿＿＿＿＿＿　性別：□男　□女
2. 生日：＿＿年＿＿月＿＿日
3. 教育程度：□大學以上　□大學　□專科　□高中、高職　□高中職以下
4. 職業：＿＿＿＿＿＿
5. 聯絡地址：＿＿＿＿＿＿＿＿＿＿＿＿
   聯絡電話：＿＿＿＿＿＿＿＿
6. E-mail信箱：＿＿＿＿＿＿＿＿
   □同意　□不同意　免費獲得寶瓶文化叢書訊息
7. 購買日期：＿＿年＿＿月＿＿日
8. 您得知本書的管道：□報紙／雜誌　□電視／電台　□親友介紹　□逛書店
   □網路　□傳單／海報　□廣告　□瓶中書電子報　□其他
9. 您在哪裡買到本書：□書店，店名＿＿＿＿＿＿＿＿　□劃撥
   □現場活動　□贈書
   □網路購書，網站名稱：＿＿＿＿＿＿　□其他＿＿＿＿＿＿
10. 對本書的建議：＿＿＿＿＿＿＿＿＿＿＿＿

11.希望我們未來出版哪一類的書籍：

（請沿此虛線剪下）

亦可用線上表單。

寶瓶　讓文字與書寫的聲音大鳴大放

寶瓶文化事業股份有限公司

廣　告　回　函
北區郵政管理局登記
證北台字15345號
免貼郵票

寶瓶文化事業股份有限公司 收

110台北市信義區基隆路一段180號8樓
8F,180 KEELUNG RD.,SEC.1,
TAIPEI.(110)TAIWAN R.O.C.

（請沿虛線對折後寄回，或傳真至02-27495072。謝謝）